ELEFANTE
DUBLINENSE

CONSELHO EDITORIAL
Gustavo Faraon
Rodrigo Rosp

CONSELHO EDITORIAL
Bianca Oliveira
João Peres
Tadeu Breda

SELEÇÃO DE TEXTOS
Bárbara Krauss
Gustavo Faraon
Tadeu Breda

EDIÇÃO
Julia Dantas
Tadeu Breda

REVISÃO
Laura Massunari
Rodrigo Rosp

PROJETO GRÁFICO
& DIAGRAMAÇÃO
Luísa Zardo

PRODUÇÃO GRÁFICA
Bianca Oliveira

RETRATOS DA VIDA EM QUARENTENA

7 MARLUCE
Humberto Conzo Junior

13 MANUAL DO OBITUARISTA
Laura Castanho

23 ABRE E FECHA
Rosana Vinguenbah Ferreira

**29 A PROMESSA
DE DONA TATÁ**
Nelma Rolande

37 DELIVERY
João Paulo Vasconcelos

43 TECNICAMENTE
Vitor Fernandes

**49 POR QUE
BRENDA ESCREVE**
Elaine Narcizo

55 O VELHO E O RIO
André do Amaral

61 SOLO
Carol Miranda

67 MALDITA CINTHIA
Matheus de Moura

77 ALFACES ESTRAGADAS
Iuli Gerbase

**85 OLHAR NA TUA CARA
E DESCOBRIR QUE HORAS
PODEMOS CONVERSAR**
Caio Riscado & Maria Isabel Iorio

97 COVID-1997
Jaime S. Filho

105 QUARENTENA, 10 LETRAS
Analu Bussular

**115 EXERCÍCIOS
BRONCODILATADORES
DE RÁPIDA AÇÃO**
Flor Reis

121 O PROBLEMA
Laiz Colosovski

129 ELE
Ana Clara de Britto Guimarães

137 QUARENTA QUARENTENAS
Mateus Dias Pedrini

**149 PORTAS E JANELAS
ESCANCARADAS**
Jean Ferreira

MARLUCE

**Humberto
Conzo Junior**

Humberto Conzo Junior já publicou quatro livros infantis. É apresentador do canal literário *Primeira Prateleira* e idealizador do Clube de Literatura Brasileira Contemporânea. Realizou oficinas literárias com João Silvério Trevisan, Carola Saavedra e Marcelino Freire, entre outros. Em 2019 participou do Curso Livre de Preparação do Escritor, promovido pela Casa das Rosas, em São Paulo. Atualmente trabalha em seu primeiro romance.

MARLENE, MARCELO, MARIALVA, Marcos e Miltinho.

Sem escola, sem merenda, sem ter com quem deixar, é confiar nos mais velhos para cuidarem dos menores. É implorar e ameaçar de porrada para que fiquem os cinco ocupando os cinco metros quadrados a que cada um tem direito. A janela é uma só e mostra muitas outras famílias na mesma situação. Tem guri que não aguenta a barriga roncando e escapa para o mundo, ciscando em busca de algo.

Marluce tem que sair todo dia, garantindo o sustento de todos. Não teve escolha. Patrão tá em casa e não quer ver tudo sujo. Dispensa, só se fosse sem receber, mas, como se mostrou preocupado com ela, permitiu que continuasse trabalhando.

– Pode dormir aqui com a gente, Marluce. Você já é quase da família. Tem o quartinho dos fundos lá pra você. Já tem a cama, é só desmontar a tábua de passar e tirar a bagunça dos garotos. Você pode até aproveitar pra organizar aquilo tudo melhor.

– Não dá não, Dr. Carlos, sou eu sozinha com cinco filhos e não tenho com quem deixar. Marlene tem quinze, Marcelo onze, e não dão conta dos pequenos.

Então ele quis pagar Uber para ela ir e voltar todo dia.

Já com o peso da recusa do pernoite, Marluce aceita,

mas, sem ele saber, pega só na metade do caminho, para não assustar com a lonjura e com o valor, que é quase o que ela ganha por dia.

Toda manhã continua pegando o trem até o terminal no centro e só depois chama o Uber, para chegar como bacana às vistas do patrão. Na estação, se mistura a muitos outros, isolados apenas em seus medos. Sair mais cedo de casa não ajuda a esbarrar em menos gente: são os que precisam chegar antes que os patrões acordem e já deixar o café pronto sobre a mesa.

– Bom dia, Marluce. Agora, seu trabalho aqui é ainda mais importante, viu. Sua função é essencial. Tudo precisa ficar muito limpo. Quero que você lave com desinfetante o piso todos os dias e passe álcool pela casa toda. As roupas de cama e toalhas precisam ser trocadas e lavadas a cada três dias. Fiz uma planilha com suas tarefas diárias e deixei presa lá na porta da geladeira, tudo explicadinho pra você. O que você não entender pode me perguntar, viu. Agora, estamos todos aqui em casa, mas cada um com seu trabalho. Eu e o Carlos também continuamos na luta, que nem você, pelo telefone e computador, e os meninos têm suas aulas.

Marluce agora tem que trocar toda sua roupa e pôr uniforme branco, que nem babá. Nos pés, chinelos de borracha que não servem mais para os meninos. E a patroa, do outro lado da porta, continua falando.

– Preciso que você me ajude com eles também, será difícil com os dois dentro de casa o tempo todo. Não deixe eles dormirem até de tarde. Pode acordá-los para o almoço. O Carlinhos, você sabe como é adolescente, fica jogando videogame até de madrugada e, se deixar, troca o dia pela noite. Já o Pedro, vou precisar que você dê uma atenção maior e também fique em cima pra que ele faça as tarefas da escola. Bom, vamos vendo, não vai ser fácil pra ninguém, mas aos poucos a gente vai se acertando com a nova rotina.

Todos os dias de manhã, é primeiro o café, depois recolher a merda dos cachorros, alimentá-los para poderem produzir mais merda, lavar o quintal e a garagem, acordar os meninos, o almoço servido, esperar que Dona Vera termine a aula de yoga para poder arrumar o quarto. Dar a descarga que ninguém lembra de apertar e passar desinfetante em tudo. Roupas pelo chão e muito pelo de cachorro, por qualquer canto. A sobra do arroz pode levar para casa, já que ninguém ali come requentado. A carne, não, Dona Vera manda pôr no prato dos cachorros.

O mercado também é Marluce quem faz, enquanto o motorista aguarda no carro. Carrinho transbordando de papel higiênico, álcool em gel e comida para um batalhão.

No final da tarde, coloca a máscara para ir embora, e chegando em casa todo mundo já sabe que não tem um sorriso por baixo dela. Nem ouvidos para as reclamações das brigas entre os cinco ao longo do dia. É cuidar da janta e acompanhar o aumento das mortes pela televisão.

E os dias vão seguindo conforme as instruções deixadas na cozinha, mas sempre com alguma novidade. Patroa em casa dá nisso, fica só inventando moda. Até o dia que o Dr. Carlos não sai da cama para tomar café.

– Não vem, não, Dona Vera? Posso tirar a mesa?

– Não dormiu bem à noite, tá com um pouco de tosse. O médico pediu repouso e para ficar em observação.

Marluce deixa as refeições em uma bandeja na porta do quarto e depois recolhe já vazias.

– Cuidados agora redobrados, viu, Marluce. O Carlos ficará isolado por quinze dias e eu vou dormir no quarto de hóspedes. Você, por favor, me ajuda a cuidar dele, porque ando muito abalada com toda essa situação.

Eu disse para ele não ficar indo na fábrica, que o pessoal lá podia manter tudo funcionando. Mas ele foi teimoso.

Em cinco dias a febre baixou, em sete dias a tosse sumiu, em dez o patrão já estava na mesa com toda a família, e em doze dias foi Marluce que perdeu os sentidos, com falta de ar. Dr. Carlos pediu que o motorista a levasse até o hospital público. Foram horas para serem atendidos e dois dias para conseguir a vaga na UTI e um respirador. No quarto dia Marluce teve uma parada cardíaca e não resistiu.

O enterro precisou ser rápido, caixão fechado e só os cinco filhos e uma prima que veio ficar com as crianças. Dona Vera chegou a tempo de acompanhar de longe e, antes de ir embora, reconheceu Marlene.

– Sua mãe foi um anjo pra gente, estamos todos muito sentidos com a perda dela. Precisando de alguma coisa, vocês podem contar com a gente. Vamos esperar uns quinze dias, ver se ninguém mais tem nenhum sintoma, e então, se você quiser, pode trabalhar lá em casa. Eu me sinto na obrigação de ajudar nesse momento tão difícil.

MANUAL
DO OBITUARISTA
Laura Castanho

Laura Castanho é repórter do jornal *Folha de S. Paulo*. Formada em jornalismo pela Universidade de São Paulo, escreveu para veículos como *Trip*, *Brasileiros* e *Gizmodo*. Criou e editou a *zero*, revista independente de cultura (revistazero.org).

1.

ESCREVER UM OBITUÁRIO não é difícil. São textos curtos, construídos a partir do mesmo fato, sem espaço para muita introspecção. Dificilmente demandam mais que uma ou duas entrevistas rápidas – tão rápidas quanto a educação do jornalista permitir – com filhos, marido, esposa, irmãos, amigos ou colegas de trabalho do morto. Há um roteiro a ser seguido: nome, profissão, cidade natal, idade, dia do óbito, estado civil, quantos filhos, hobbies, nessa ordem. A pergunta dos hobbies serve para humanizar o morto, diferenciá-lo dos demais mortos, evitar defini-lo apenas pela fonte de renda. Na mesma linha, após os oito ou dez minutos que levo para obter essas informações básicas, costumo perguntar ao interlocutor se ele tem lembranças específicas da pessoa que perdeu: viagens, aventuras da juventude, conquistas, ocasiões que permitam construir cenas que não presenciamos – fulano adorava cantarolar Roberto Carlos enquanto atravessava o país de carro com a família – ou aferir adjetivos mais específicos – fulano era generoso e acolhedor porque certa vez pagou a escola de um sobrinho menos privilegiado, sem esperar nada em troca. A ideia de que a morte canoniza é bastante verdadeira: a menos que alguém tenha cometido crimes comprovados em vida, e crimes excepcionalmente cruéis, seus defeitos dificilmente terão lugar no obituário. Mais que falta de empatia, seria falta de educação falar disso, bater em quem já caiu, como também seria falta de educação ligar para o parente ou amigo do morto e não começar a conversa com uma variação protocolar das palavras sinto muito.

2.

COMEÇO A ESCREVER OBITUÁRIOS em março de 2020, após meu trabalho de verdade – organizar e cobrir eventos – tornar-se inviável com o avanço de uma pandemia que proíbe aglomerações. Quase todos os jornalistas que conheço são obrigados a fazer isso em um momento ou outro. Parece adequado criar um espaço para textos que não incluam gráficos, mapas, projeções de infectologistas, termos científicos, declarações de políticos. Parece importante "contar a história por trás do nome", como me diz o amigo de um morto logo que começamos a conversar. Se na primeira semana tivemos de quebrar a cabeça para descobrir quais nomes correspondiam à dezena inicial de óbitos confirmados pelo governo, nas semanas seguintes deixamos de ter esse problema. A dificuldade passa a ser filtrar as histórias, escolher quais são interessantes o suficiente para entrarem e quais não são. Nenhum dos mortos retratados é famoso, ou famoso nacionalmente, mas há uma hierarquia presumível pelo espaço que cada um ganha na diagramação da página: idosos são previsíveis, grávidas jovens são comoventes etc.

Nas primeiras vezes, não soube direito como começar esses textos, e recorri aos obituários publicados anteriormente. Achei todos francamente cafonas: fulana "encontrou a paz" e sua casa "era um ponto de encontro com a alegria"; sicrano "distribuía diariamente doses de um remédio chamado gentileza". Alguns trazem pontos de exclamação que saem da boca da própria repórter:

"Como gostava das cantorias!". Decidi evitar ao máximo esse tipo de afetação, não porque eu seja uma pessoa cínica, mas porque me parece inadequado projetar tanta positividade em pessoas desconhecidas.

3.

O PRIMEIRO OBITUÁRIO que escrevo não é exatamente um obituário, mas uma vaga denúncia: um homem idoso morreu quatro dias após ser liberado do hospital, porque mesmo doente não tinha dificuldade de respirar. Sinal de negligência. Não cito seus hobbies na reportagem, mas descubro, semanas depois, que ele adorava rodas de samba. É o segundo ou terceiro texto que fecho naquele dia, e faço o que dá para fazer nessas condições. Envio o rascunho por volta das cinco, trabalho mais um pouco, desligo o computador, tomo um banho e tento me concentrar num filme. Às oito, minha chefe me manda uma mensagem para confirmar informações, é importante, diz. Beirando as onze, ela me envia um print da página do jornal que mostra que o meu texto é o mais lido naquela fração do dia. A imagem me dá um pouco de desgosto; detesto me sentir visível.

Volto a falar com o neto do morto algumas semanas depois. Ele tem dois anos a mais que eu e não esconde a desconfiança: mesmo na primeira vez em que conversamos, ele mandava mensagens, fotos, áudios, e apagava logo em seguida, talvez tentando adivinhar, pela minha entonação de voz e pelas informações disponíveis sobre mim na internet, se eu sou o tipo de pessoa que passa a perna no entrevistado, que quebra o off e distorce as informações. Vejo por um instante três fotos que ele manda e logo apaga: era o avô, um italiano redondo de aparência feliz.

Descubro que meu texto dificultou significativamente a vida do neto, que já não estava fácil. Como

18   MANUAL DO OBITUARISTA

seu avô foi um dos primeiros a morrer, veículos menos responsáveis descobriram seu número e passaram a assediá-lo agressivamente, pedindo entrevistas exclusivas. Um canal de televisão ligado a uma igreja evangélica encontrou uma foto do avô no Facebook e a transmitiu em rede nacional, acompanhada por uma locução dramática. Me sinto culpada pela projeção do caso. Depois disso, o neto perde a confiança em mim de vez e para de me responder, e eu passo a salvar cada uma das mensagens que ele me mandou, só para garantir.

4.

NÃO CHORO NA HORA de conduzir as entrevistas – acho falta de profissionalismo – mas choro com alguma frequência na hora de transcrevê-las e transformá-las num texto coerente. Dois mortos me afetam, em especial: um professor de história que tinha acabado de obter o doutorado (47 anos, saudável) e uma diretora de teatro que estava trabalhando em cinco peças ao mesmo tempo (39 anos, diabética e hipertensa). Ambos eram engajados no movimento negro e em projetos sociais, e usaram a vida para tentar colocar gente da favela na universidade e no palco. Ambos pareciam ter resolvido a equação de como existir e como agir em um mundo profundamente injusto e fadado a piorar. Os amigos e ex-alunos dos dois mortos pedem desculpas por chorar no telefone; são extraordinariamente gratos a quem perderam, gratos e desolados numa dimensão que para mim é inconcebível. Falam rápido, emendam um adjetivo atrás do outro, evocam lembranças, não querem deixar nada de fora. Como não foram a velório algum, ainda estão em negação e escorregam para o tempo presente ("ela é uma pessoa imensa, incrível").

Quando a pandemia começou, não pensei seriamente em quem iria morrer; um amigo diplomata me convenceu, anos atrás, que a maioria das pessoas no mundo é ignorante, desprezível ou medíocre, no melhor dos casos. Meu raciocínio inicial foi que, como tem pouca gente boa no mundo, proporcionalmente pouca gente boa ia morrer. O professor e a diretora de teatro me fazem entender o quanto essa abstração é estúpida. O fato de serem uma minoria no mundo não tem a menor importância; os dois eram indispensáveis. Trabalharam para mudar a vida de cem, duzentas, trezentas pessoas ao seu redor e, porque tiveram o azar de pegar uma doença nova, nunca poderiam fazer mais nada.

Tento fazer jus à vida de ambos, narrando suas trajetórias e citando cada uma das boas ações. Pesco as aspas mais elogiosas dos entrevistados. Escrevo obituários longos para deixar implícito que estou do lado deles, mesmo sabendo que, dias depois, a versão publicada terá o tamanho aproximado de um cartão de crédito.

5.

CERTA NOITE, tenho uma crise de gastrite e me reviro na cama até as seis da manhã. Acordo por volta das dez, atrasada para o meu expediente doméstico. A razão da minha insônia é uma cantora e compositora que vou entrevistar naquele dia, não para o meu semiemprego de obituarista, mas para a principal parte do meu TCC na faculdade. Ela tem a minha idade e lançou dois álbuns de sucesso, que venderam bem inclusive no hemisfério norte, e ganhou prêmios importantes de associações de críticos. Na minha cabeça, ela é uma versão infinitamente melhor de mim mesma, tudo o que eu gostaria de ser e não consegui por falta de coragem. A ideia de falar com ela me enche de euforia, mas a possibilidade de desagradá-la me perturba profundamente e me transforma numa pilha de nervos.

Provavelmente por causa disso, perco a linha de raciocínio algumas vezes enquanto converso com a filha de um morto, ao meio-dia. O roteiro básico de perguntas se embaralha na minha cabeça e faço pausas constrangedoras enquanto tento recuperá-lo. Lembro dos projetos dos outros mortos, abandonados em função da doença, e pergunto à filha do morto como o seu pai passou os últimos dias. Ela me diz que passou mal, muito mal, porque ele tinha uma doença psiquiátrica degenerativa e morreu depois de morar anos num asilo, enquanto contava os dias para voltar para casa e ficar junto da esposa. Como ele jamais saía do asilo, deve ter pego de alguma enfermeira que trouxe o vírus da rua. A filha do morto me conta que viu a mãe no hospital para onde tinham levado o pai e não pôde abraçá-la, para evitar o risco de contágio. Ela começa a chorar. Penso que nunca ouvi algo tão deprimente na minha vida e não sei o que dizer depois disso.

A filha do morto menciona vagamente as complicações de saúde do pai; tentando ganhar tempo, pergunto quais eram. Levo uma bronca. Ela levanta a voz e diz que se recusa a continuar a entrevista se o propósito do obituário for dar margem para um discurso fascista. Diz que sofreu ataques de grupos de direita na internet ao publicar um texto sobre o pai, mas não entendo se foi porque divulgou que ele era idoso e doente ou porque cometeu o erro de revelar que ele tinha sido medicado com cloroquina. Talvez as duas coisas. Ela conta que já recusou uma entrevista ao veículo para o qual eu trabalho porque a repórter queria que ela falasse da medicação. Eu volto a mim mesma e tento acalmá-la, assegurá-la de que não pretendo validar qualquer tipo de discurso, fascista ou não fascista. Voltamos a nos entender aos poucos e eu pergunto quais lembranças ela tem do pai. Algumas horas depois, ela me escreve pedindo para que eu mande o obituário antes da publicação; entendo que ela não quer me censurar, apenas ter a sensação de controle, a segurança de que não vou falar o que não devo. Obedeço. Ela escreve de volta dizendo que gostou.

Quanto à cantora, faço uma das piores entrevistas da minha vida.

6.

TROCO MENSAGENS ROTINEIRAMENTE com a filha de outro morto, um ano mais velha que eu. Precisamos da confirmação da doença para publicar o obituário dele na página especial. O pai dela morreu no dia 27 de março; estamos em 17 de abril e o hospital ainda não divulgou o resultado do exame à família. Agradeço a ela pela informação e digo outra vez que sinto muito. É a última coisa que faço antes de tirar férias.

ABRE E FECHA

Rosana Vinguenbah Ferreira

Rosana Vinguenbah Ferreira nasceu em São Paulo e é radicada em Vargem Bonita (MG) desde a infância. É bióloga formada pela Universidade de Franca e especialista em gestão ambiental, gestão microrregional em saúde, planejamento financeiro do Sistema Único de Saúde municipal e administração pública. É autora do romance *Sopa de pedras* (Penalux, 2018), além de assinar contos em revistas literárias e antologias.

LÁ DE CIMA eu vejo a cidade vazia. Os meninos correndo dentro de casa andam me deixando nervosa.

Dá pra parar com essa bagunça?, eu grito pra eles e nada. Mas não foi disso que eu vim falar com vocês.

Moro em um barraco de dois cômodos com a minha mãe e meus dois filhos. Minha mãe tem chorado muito nos últimos dias. Ela fica na cozinha fingindo que tá fazendo alguma coisa, mas eu vejo os olhos vermelhos.

Calma, mãe, eu digo pra ela. Digo que vou dar um jeito nisso. Que ela não precisa ficar assim.

Sempre fui da luta, da batalha pra colocar o que comer dentro de casa. Não sou dessas pessoas que têm preguiça ou medo de trabalho. Procuro não criar problema na minha cabeça. Isso tira o meu sono. Prefiro dar os meus corres atrás da solução, já que a vida nunca foi fácil pra mim.

Já fiz de tudo um pouco. Faxineira, manicure, babá, caixa de supermercado, todo tipo de bico eu arranjava. A crise tá feia e, como tô desempregada há um tempo, tava vendendo água mineral e pano de chão no farol.

Tava dando certo. Eu tenho voz pra gritar *água, água, água* e um sorriso na cara pra conquistar meus clientes. No calorão do asfalto, todo mundo precisa de uma água gelada. Descia o morro logo cedo com o meu carrinho. Amarrava a caixa de isopor e uma pilha de panos. O dono do bar lá na entrada do morro deixava eu guardar minha mercadoria no freezer dele. Já era uma ajuda pra mim não ter que descer todos os dias com peso no carrinho.

Tem muita gente que fecha o vidro quando me vê, mas sempre tem os clientes bacanas que compram pra ajudar.

Eu já contei que minha mãe é diabética? Ainda bem que ela ganha a insulina no posto de saúde. Eu não teria grana pra bancar o tratamento dela.

Só que com essa de quarentena, agora! Tá me tirando o sono. No começo eu ainda tava indo pro farol, mas de repente o trânsito desapareceu. As pessoas tão trancadas dentro de casa e eu não tenho mais pra quem vender meus produtos. Teve também o toque de recolher na comunidade. A gente tem que respeitar os caras, senão a coisa fica feia.

Eu não posso arriscar a contaminação da minha mãe e dos meus filhos. A velha tá no grupo de risco, mas o pior é que já tá faltando tudo lá em casa. Álcool em gel e máscaras pra eles? Tá faltando em todo lugar e, nem que eu encontrasse, a grana não dava.

Até a agente de saúde que sempre passava pra visitar a minha mãe sumiu! Talvez ela pudesse descolar umas máscaras. Sei lá.

Eu ouvi dizer que tinha uma galera doando cestas básicas aqui embaixo. Vocês são uma ONG, é? Tive que correr o risco pra tentar conseguir alguma coisa. Minha mãe só chora e eu me sinto mal por isso. Não posso sair do meu barraco. Não posso gritar. Não posso pedir socorro.

Te pergunto, cadê os políticos que davam pinta na comunidade com os sorrisinhos grudados na cara e apertando a mão de todo mundo? Quando a chuva destrói os barracos, ninguém aparece. Quando esse vírus não deixa gente pobre trabalhar, ninguém aparece.

Tenho uma conhecida que tá com suspeita dessa doença. Ela mora com dez pessoas. Deve tá todo mundo contaminado. Esperando a morte chegar. Mandaram ela de volta pra casa dizendo que é gripe. Toma paracetamol que melhora, minha filha! A patroa dela que viajou para o estrangeiro tá com a doença. Tá se tratando em seu belo apartamento na zona sul. Isolada!

Por isso decidi correr o risco de descer. Preciso da cesta que vocês tão distribuindo.

Minha mãe reza o terço todo dia e pede pra essa doença ir embora. Ela tá com medo. Não posso demonstrar, mas tô com medo também. Medo da doença, medo do desemprego, medo da fome, medo de não conseguir proteger os meus.

Mas não posso ficar parada. Quem vai cuidar deles se eu ficar doente? Não quero pensar nisso. Preciso de ajuda, mas tá todo mundo dentro de casa. Ninguém vai comprar a minha mercadoria. Se eu pudesse vender minhas coisas no farol, não tava aqui pedindo a cesta básica. Nunca pensei que diria isso, mas ir pro farol é tudo que eu queria agora. Correr no meio da rua enquanto o farol tá vermelho. Pelo menos eu traria uma grana pra casa.

Mas o farol abre e fecha e não tem carro nenhum.

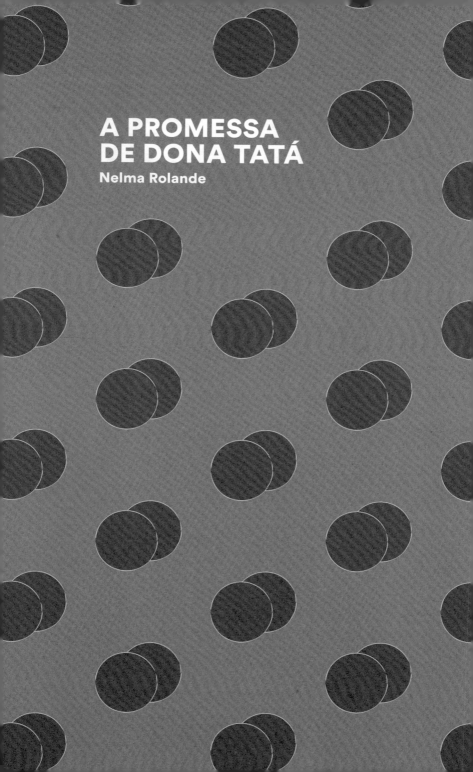

A PROMESSA
DE DONA TATÁ

Nelma Rolande

Nelma Rolande é mulher negra da Baixada Ocidental Maranhense. Arte-educadora no Instituto Federal de Educação, Ciência e Tecnologia do Maranhão. Doutoranda em antropologia social pela Universidade de Brasília. Mestra em ciências sociais e graduada em educação artística pela Universidade Federal do Maranhão.

"**CAFUNDOCA, TRÊS FUROS** e Tabuleiro confirmam primeiros casos de covid-19."

Corre aqui, Benedita! Deu agorinha no rádio que aqui, no Pixaim e no Tabuleiro já chegou esse tal de coronavírus. E agora, minha irmã? Como vai ser pra mamãe pagar a promessa dela?

Miloca e Benedita ficaram desesperadas com o noticiário, pois estava a três dias da velha Tatá pagar a promessa de tambor de crioula para São Benedito. Com o anúncio do primeiro caso, as restrições de aglomeração de pessoas iam ficar muito maiores. Até aquele momento, já sabiam que as D20 trazendo os moradores de Três Furos, Tabuleiro e demais localidades não viriam para o festejo.

A velha Tatá, enquanto amarrava o torso na cabeça, sentadinha em sua cadeira de rodas, observava o desespero das filhas, paradas diante do rádio. Tatá, que perdeu a voz e o movimento das pernas há dois anos após sofrer um AVC, contava com a ajuda das filhas para pagar a promessa que envolvia uma ladainha para São Benedito, seguida de um tambor de crioula que durava a noite toda até amanhecer na porta de sua casa. Miloca só tinha certeza de que a promessa deveria ser paga: Mamãe sempre dizia que, acontecesse o que acontecesse, enquanto ela tivesse vida, de dois em dois anos, era pra tocar tambor pra São Bene-

dito todo dia 17 de abril. Benedita sentou ao lado da mãe e, segurando as mãos enrugadas da velha Tatá, que tinha 86 anos, narrou como pagariam a promessa:

Mãe, esse ano vai ter que ser diferente. Não pode vir tocador e nem coreira de longe, vamos ter que contar com quem tá aqui por perto. Aqui em casa já tem Caetano, Faustino, Roselias e Estevinho, que sabe tocar tambor. Aqui do lado tem Seu Mundico e Seu Tertuliano, que tocam também. Pra dançar, as coreiras que tem é eu, Miloca, Maria Rita e suas comadres Dona Maricota e Dona Coisinha. Agora, rezador bom, que a senhora gosta, só Seu Venâncio. Vamos ter que dar um jeito de trazer ele lá do Pixaim no dia de pagar a promessa.

Os dias passavam e o número de infectados pelo coronavírus só aumentava. No Cafundoca já eram nove os contaminados e, em Três Furos, o número aumentara para cinco. Em meio aos novos casos anunciados todas as manhãs na rádio, começaram os preparativos para o tambor de Tatá.

Miloca acordou cedo com o barulho da rajada de foguete tocada por seu irmão Caetano anunciando que era dia de festa. A preta Miloca se passou pra cozinha para ralar o coco e molhar a massa de tapioca pra fazer o tradicional bolo de tapioca, servido após a reza com um delicioso chocolate de castanha preparado por Benedita, que, enquanto mexia a panela no fogão, lembrava a irmã de não fazerem muita comida: *Miloca, não vamos fazer muito bolo e chocolate. Não vem quase ninguém de fora, mais é os de casa.* Ela pensou um segundo e acrescentou: *Pior que só esses de casa já é bastante gente.* As irmãs sorriram da quantidade de parentes na família. Já dava pra fazer uma festa grande pra velha Tatá.

No quintal recendia o cheiro da carne de porco ferventada no caldeirão que descansava na tacuruba. Tudo sob os cuidados de Roselias, que era auxiliado por Estevinho, mas este mais conversava do que ajudava: *Se não fosse esse coronavírus, esse quintal hoje tava era cheio de gente. Tinha mulher bastante moldando bolo de tapioca em riba da folha de bananeira. E tacuruba? Tinha uma cozinhando galinha caipira, outra com pato e mais uma pra...* Roselias interrompeu: *Estevinho, deixe de falar, moço, repara essa carne que já tá é queimando.* Estevinho correu com um copo d'água para despejar na carne, mas não parou de falar, já foi emendando mais lembranças: *Caetana mais Lotera e Domingas uma hora dessa já tinham vindo dos Três Furos pra cá. Eita que não tinha era rede pra tanta gente.* Estevinho não parou de prosear e foi assim durante todo o dia, rememorando como seria a festa: *Se não fosse esse corona...*

Enquanto a comida era preparada no quintal, Naná e Lucidalva, netas de Tatá, enfeitavam o espaço da reza e o altar do santo. Lucidalva tirava cuidadosamente de um saco de sarrapilha uns enfeites de papel crepom sem a cor vivaz de quando foram feitos. *Eita que se eu rasgo um desses abajur já desquarado de vovó, é capaz até dela andar novamente só pra me dar umas carreiras.* Benedita, ao escutar a sobrinha, veio da cozinha com a colher de pau na mão que tava mexendo o chocolate, e já foi avisando: *É pra tomar cuidado mesmo com esses enfeites! Tu não vai rasgar essas flores de papel! Isso aí tudo foi Dona Maria Rosa que fez pra mamãe, no tempo que ela saía enfeitando essas festas e era mulher dançadeira de tambor. Ela todo ano de promessa tava aqui na festa de mãe pra celebrar a amizade de tempos, mesmo não dançando mais, mas tava ali acompanhando a reza. Esse ano, com essa peste desse vírus, é que não tem como ela vir, não.*

Faustino saiu cedo, com uma máscara de tecido no rosto, e foi buscar Seu Venâncio, o rezador. Retornaram ao meio-dia. Chegaram bem na hora de mais outra rajada de foguete, trazendo a triste notícia de que Dona

Maria Rosa estava muito ruim, pois havia contraído o coronavírus. Todos ficaram apreensivos, mas nada disseram para Dona Tatá sobre a amiga que estava doente. Continuaram os preparativos do tambor, entendendo que aquela não era uma festa pagã, mas uma festa de promessa.

Benedita passou a tarde com aquela preocupação na cabeça, até que por volta das cinco resolveu ligar para saber notícias. Foi quando do outro lado da linha, numa ligação muito ruim, alguém gritava para ver se Benedita escutava: *Dona Maria Rosa morreu! Não teve nem velório, minha filha, nem cortejo pela cidade. Já foi enterrada e tudo lá no Cemitério antigo.* Benedita emudeceu, sozinha no quarto, recebendo aquela triste notícia. Respirou um pouco, chamou Miloca e decidiram contar pra mãe Tatá, antes da reza começar. Foram até o quarto da mãe, que estava sentadinha em sua cadeira de rodas, de frente para o espelho da penteadeira, acabando de ter os cabelos brancos trançados pela neta Naná. Miloca e Benedita sentaram na beirada da cama, olhando apenas o reflexo do rosto da mãe no espelho, que as observava como se soubesse o que elas queriam dizer. Benedita fez muitos rodeios até chegar ao assunto: *Mãe, Dona Maria Rosa se foi.* Dos olhos de Dona Tatá, que já brilhavam desde o início da conversa, caiu uma lágrima, não de quem estava surpresa com a notícia, pois seu laço com Dona Maria Rosa a fizera pressentir muito antes de receber a notícia que "a morte não pediu licença, chegou devagarzinho e levou a amiga". Aquela lágrima ela segurava desde o momento do pressentimento, mas agora, com a certeza da morte, relaxou os olhos e se permitiu chorar. Em meio às lágrimas de Dona Tatá, as filhas perguntaram para a mãe se davam prosseguimento à promessa. Ela balançou a cabeça confirmando que sim.

Fiiiiiii...! Pum! Pum!... Eram sete da noite quando os foguetes explodiram mais uma vez, dando início à reza. Os de casa e os de fora, todos bem alinhados, dessa vez com uma vestimenta a mais que eram as máscaras de tecido costuradas por Jojoca, também neta da velha Tatá, acompanhavam o rezador:

Kyrie, eleison
Christe, eleison
Kyrie, eleison
Pater de caelis, Deus, miserere nobis...

Dona Coisinha entrou de ponta de pé para não atrapalhar a reza, mas era impossível não perceber sua presença. Estava paramentada com longos colares coloridos que caíam por cima da blusa branca rendada e com uma máscara combinando com sua saia longa rodada, feita de uma chita florida. As cores vibrantes anunciavam a chegada da coreira. E como se não bastasse sua entrada triunfal, teve que cutucar Faustino e dizer baixinho: *Pede aí pra Mundico passar esse banco que tá sem ninguém na frente dele.* Mundico se adiantou e foi logo erguendo o banco e passando por cima da cabeça para Faustino, que o entregou para Dona Coisinha. Ela acomodou-se junto aos demais, todos sentados nos bancos e cadeiras espalhados pela sala da casa, de frente para o santo.

Dona Tatá estava ali sentadinha ao lado do rezador, próxima ao altar. A imagem de São Benedito, esculpida em madeira de laranjeira, estava bem acomodada naquela mesinha de pau d'arco forrada com uma toalha branca de renda. Havia duas velas acesas a iluminá-lo e ele todo ornado com o arco de flores de papel crepom feito pelas mãos de Dona Maria Rosa. E, quando a reza já chegava ao fim, Dona Tatá fixou os olhos lacrimejados naquelas flores e naquele abajur, enquanto todos cantavam:

> *Meu São Benedito*
> *Vosso manto cheira*
> *Cheira cravo e rosa*
> *Flor de laranjeira...*

Tamanha era a emoção de Dona Tatá, e talvez ninguém imaginou que aquela reza não era para o santo, mas para a amiga Maria Rosa, que, apesar de já enterrada, foi velada a noite toda naquela casa, até o romper do dia, com marchas de tambor de crioula:

> *Maria me convidou*
> *Pra uma festa de tambor*
> *Eu vou, mamãe, eu vou*
> *Com Maria baiar tambor...*

João Paulo Vasconcelos nasceu no Crato, interior do Ceará, em fevereiro de 2003. É estudante do último ano do ensino médio e, entre leituras e práticas de escrita, se prepara para o vestibular de medicina. Sonha em publicar o próprio livro e em trabalhar na área da saúde para melhorar a vida das comunidades mais carentes.

SENTIU O TELEFONE vibrar. Abriu a tela e viu a notificação. Primeira entrega do dia, para o outro lado da cidade. Para começar, tinha que passar na floricultura. Depois, doceria. Uma corrida interessante, dinheiro relativamente bom. Depois dela poderia ficar direto na rua, esperando por outro serviço que aparecesse.

– Já vai sair, tão cedo? – ela já sabia a resposta, mas o que fazer?

– Prometo tomar cuidado.

Foi ao banheiro. As máscaras de pano estavam penduradas no boxe, uma para cada dia. Tinha que agradecer o fato da sogra ser costureira, pois sem ela dificilmente teriam dinheiro para tantas máscaras. Desde que o aplicativo reduziu a porcentagem destinada aos entregadores, a renda da família tinha ido ladeira abaixo. Começara até a aceitar várias entregas em uma para melhorar os ganhos.

Ajeitou a máscara no rosto, pegou a pochete com álcool em gel e luvas e saiu. Ela continuava na sala, ambos fingindo ignorar-se. Sempre que ele saía de casa, era assim. A tensão, que tomara conta do mundo nos últimos dias, cobria a casa como uma nuvem de tempestade. Nessas horas, quase não conseguia encará-la.

Não se falaram quando ele saiu. Pegou a moto, ajustou o capacete e partiu, descendo o morro. Via gente nas calçadas, idosos conversando, crianças brincando – mas todos de máscara. Novo normal. Engoliu em seco. "Normal?"

A floricultura era perto. Uma lojinha pequena, com as grades abaixadas e só uma pessoa lá dentro, despachando os pedidos.

– Vim pegar a encomenda da Dona... – viu o nome da cliente no telefone – Carolina... Carolina Manfretti.

– Certo – a caixa falou, indo diretamente aos fundos da loja. Voltou com um arranjo lindo de orquídeas, de encher os olhos.

– Vai caber na moto?

– Ahn? Acho que sim

Teve que caber. Ajeitou o máximo possível, para não desarrumar nem uma pétala. Agradeceu à florista e subiu na moto, rumando para a doceria. Antes da quarentena, sua esposa trabalhara lá. Era uma das cozinheiras. Mas aí tiveram que interromper o atendimento, e o patrão disse que teria que "reduzir drasticamente o número de funcionários". Ou pelo menos foi o que a esposa disse que ele disse. Então, ela foi "dispensada". Chorou tanto nesse dia que ele nem conseguia entender. Só a ouvia repetindo "aquele desgraçado, nojento, tarado...". Achou melhor não perguntar nada.

Chegou ao destino com uma sensação ruim. Recebeu o bolo e falou com as amigas da esposa. Olharam-no com pena. Sentiu raiva, mas aqui também achou melhor não dizer nada. Equilibrou as flores e o bolo o melhor que pôde e subiu para a casa da Catarina. "Catarina? Não, Carolina, eu acho que é Carolina."

Na metade da ladeira, um engasgo. A moto sacudia, falhava, parecia até mesmo pedir ar. Por trás, a fumaça preta subia como um agouro. Foi para o meio-fio e desceu. "Justo agora..." Estava adiando a revisão desde que o dinheiro se tornara mais difícil. Examinou a situação.

Pelo menos não parecia ser tão grave. Só não daria para completar a subida. "Droga, droga", xingava e empurrava. Chegou no topo com o começo de uma mancha de suor no colarinho.

A casa era em um bairro alto, bem afastado do Centro. As casas pareciam sempre as mesmas – um portão imenso, de madeira, muro branco, paredes brancas, árvores e mais árvores. Parou a moto e pelo celular olhou o número da casa: 402. Olhou ao redor e não encontrou. Foi subindo, subindo e nada. Abriu de novo o telefone e por um momento ficou tonto: tinha errado o endereço! Subira a ladeira de besta, quando só deveria ter dobrado à esquerda! Perdera tempo que poderia estar sendo usado em outra entrega. Sentiu vontade de sentar na calçada e chorar, mas não tinha tempo para isso. Desceu a ladeira correndo e entrou na rua certa. "Vai dar tudo certo. *É só confiar*", era o que dizia quando se sentia assim. Vai valer a pena. Ainda bem que agora o trajeto não exigira muito do motor maltratado.

Parou. Desceu da moto, devagar.

Respirou.

Não queria que a cliente, a Dona Cat... Carolina, não queria que a Dona Carolina o visse assim. Tocou a campainha e foi pegar as encomendas. Primeiro o bolo – uma caixa bonita, dourada, dava gosto ver uma caixa assim; se brincar, mais bonita que o bolo em si. Carolina abriu a porta. Era alta. Loira. Bonita. Ele ouviu vozes atrás dela. Várias vozes. Altas. Animadas.

– É do aplicativo? Ai, obrigada. Deixa que eu pego isso e você traz as flores.

Ela pegou a caixa dourada e entrou, deixando a porta aberta. Pegando as orquídeas, ele a seguiu; dentro da casa, várias pessoas o observavam, caladas: pareciam ter saído de uma máquina copiadora, todos muito iguais, loiros de olhos claros, os homens com bigodes estranhos, as mulheres com os cabelos muito lisos. Retraiu-se, sua pele negra destoando do lugar. Só queria sair dali. Ajeitou bem a máscara, encolhendo-se tanto que parecia querer buscar proteção em uma concha que só ele via. Ela reparou, um sorriso apático plastificado em seu rosto.

– É só uma reuniãozinha, nada de mais. Aqui ninguém tem nada, né não, pessoal? Todo mundo saudável. Ali, pode colocar as orquídeas ali. Obrigada, viu? Bom trabalho.

A partir daí, ela ignorou completamente a presença dele naquela sala, naquela casa. Como num passe de mágica, todos começaram a conversar de novo. Tão colados. Tão alegres.

Desorientado, teve vontade de sair correndo. Alguma coisa bloqueava sua respiração e embaçava sua visão. Chegou na calçada e puxou o ar com dificuldade. Uma vez. Outra.

"Velho nojento, tarado."

Puxou o ar.

"Aqui ninguém tem nada, né?"

Mais uma vez. Tinha o dia inteiro pela frente. "É só confiar... é só confiar..."

Risadas de dentro da casa.

Lavar as mãos com álcool em gel.

Não abraçá-la assim que chegar em casa.

Chegar em casa...

Sentiu uma lágrima escorrer, quente e viscosa, sobre o rosto suado.

Vitor Fernandes é metade subúrbio, metade gótico, metade professor. A conta não bate, mas é fantástico justamente por isso. Nascido e criado no Rio de Janeiro, mora perto de um cemitério bonito e talvez essa seja sua influência. É graduado em letras e leciona aquilo que tenta fazer: escrever e ler o mundo.

TERÇA-FEIRA.

Faz calor, não é verão, e eu tô estirado na cama absorvendo os minutos de tédio que finjo serem minutos da paz que não tenho.

O quarto tá meio quente, mas um ventilador fraco faz bem seu serviço. Os dias têm sido puxados e fazem questão de puxar meu sangue todo pra cabeça. Quando chegar de noite, tenho certeza, vai estar doendo. Meu celular está com o wi-fi desligado para não correr riscos. Uma música qualquer indicada por um aplicativo qualquer toca e é meio lo-fi. Tem um som chiado e uma voz lenta docemente melódica. Mas, daqui da cama, meu olho vê a mesinha. Em cima dela, a tela do notebook brilha. Viro rapidamente os olhos pro teto. Não. Tento me concentrar na música e curtir, mas minha cabeça se adiantou e já começou a doer.

Só de lembrar o tsunami de arquivos espalhados com nomes de alunos naquele computador, meu Deus, sinto a mão suar. Não consigo mais ficar deitado. A certeza de que vou ter que enfrentar aquilo tudo deixa o meu coração numa batida acima da batida da música. Agora ficamos desencontrados. Tenho que desligar o som e fico encarando o notebook. Só nós dois, um olhando pro outro, como se isso me acostumasse à ideia de sentar o rabo ali e fazer o serviço que precisa ser feito.

46 TECNICAMENTE

Mas eu ainda tenho vinte minutos pra fazer nada até a próxima live.

Há uma torre de pensamentos empilhados na minha cabeça. Tento diferenciá-los. Campo. Terra. Horta. É um bom exercício para acalmar o corpo e a mente nesse tempinho que resta. Aulas. Sono. Estudar. Dormir. Isso ajuda. É como construir uma casa de bloquinhos. Sonhos. Vale a pena. Sonhar. Foco nesse pensamento que resta: uma ação. Sonhar.

Vou tentando me lembrar da última vez que sonhei. Imagino um fio na minha cabeça e começo a puxar. Uma semana. Duas semanas. Três? Nada. Acho que meu último sonho foi erótico e já faz meses. Extremamente corporal, nada misterioso. Minhas horas de sono são um buraco obscuro, um apagão mais parecido com um desmaio. Quando acordo, é como se tivesse me afogando e alguém me desse fôlego de novo. Levanto num susto. Respiro fundo e a vida está concreta na minha frente. O que houve entre dormir e acordar? Nada. Quando estou de pé, parece que não vivi e eu me sinto fraco. Mas, pior que isso – muito pior –, eu vejo tudo tecnicamente.

Puxando esse fio, lembrei de um dia que fui pegar um sol, ver as nuvens. Mas não vi as nuvens: só vi uma massa etérea de água condensada sobre um fundo que reflete o oceano. O sol, uma bola de fusão de núcleos de hidrogênio, só me lembrou que preciso de vitamina D. Fiquei ali na varanda como uma planta. Plantas também não devem sonhar.

A minha figura tem sido tão objetiva que nem um pesadelo seria possível. Sou tinta cinza em chão de cimento, ou um azulejo colorido pintado de branco. Ou ainda sou o cheiro de assepsia em um hospital limpo. Também posso ser os arquivos que não sabemos para que servem em um computador e ficam isolados em pastas com nomes que são números e letras soltas.

Agora mais focado, liguei o wi-fi por um minuto. Só para receber alguma coisa legal.

"Super_Gladox comentou em sua publicação 'MATE-RIAL PARA A LIV...'"

Hm. Nada de novo. Desligo o ventilador e abro a janela. Vou no banheiro, passo água no rosto e uma pomada para ajeitar o cabelo e a barba. Fico apresentável, tudo volta pro lugar. Sorrio só pra ver se não tenho nada entre os dentes. Pego meus óculos porque sei que meus olhos arderiam depois de mais duas lives sem eles. Volto pro quarto e fecho a porta. No centro de tudo: a tela.

O som da ventoinha do notebook girando são as conversas da minha sala de aula. Faltam cinco minutos. Fico em pé observando a tela. Meu plano de fundo é uma imagem vetorial que não significa nada. Fico observando a tela e ela me observa. Um lado sou eu, e o outro são os alunos que irei encontrar. Ou são os nomes que irei encontrar, ou as fotos que irei encontrar.

O celular vibra de novo. Grupo da escola. Mais orientações de comportamento e uniformidade de material. Outro grupo discute os salários reduzidos. E mais outro traz fofocas das reclamações dos pais sobre postagens excessivas, mal organizadas ou com cores que não ajudam as crianças. Alguém me agradece por algo. Um número que não conheço me chama. Um frio me sobe a espinha. Desligo o wi-fi do celular antes de abrir, pra não correr riscos. Estou em sala. Estou tipo em sala.

O aviso no computador faz barulho: sua aula começará em menos de um minuto. Aceito o microfone e a câmera e me vejo numa tela. A luz me incomoda mesmo de óculos. Aos poucos os nomes entram na sala virtual. Sorrio, forçando minha pele a rasgar o rosto sob o cabelo cheio de pomada. Tento manter o carinho daqueles outros dias. Logo que entram, as fotos cancelam microfone e vídeo. Usam o chat, alguns. Falo com suas fotos.

Olho meus slides cinzas na tela. Eu tinha selecionado algumas pinturas e memes para começar essa aula. Mas, quando olho, só consigo ver, exclusivamente, a explicação do conteúdo: os tópicos, as descrições e as características.

Pergunto para meus nomes, números e fotos: queridos, o que vocês enxergam aí? Aguardo em silêncio. Eles digitam poucas respostas curtas e sem som. Leio aquilo sem o calor das vozes. Suplico dentro de mim: deixe a gente dormir e faça a gente sonhar, deixe a gente dormir por horas e faça a gente sonhar por dias, por favor. Respondo sem o drama do corpo e sem a cortina de teatro do quadro.

Elaine Narcizo atualmente reside em Franca (SP), é educadora, assistente social e agente cultural. Autora do livro *Poemas crúzidos: linguamento do que não tem nome* (Artefato, 2017).

ONTEM. Me falaram desse concurso. É edital né? Desculpa. Me falaram desse edital. Eu resolvi escrever. Eu escrevo muitas coisas. Nunca mostrei pra ninguém. Mas agora achei um motivo pra mostrar. Vocês vão trocar o texto por uma cesta básica não é? Esse é um bom motivo. Na verdade a gente não tá precisando de cesta básica. Tem arroz feijão óleo macarrão. Massa de tomate farinha de mandioca fubá. Só que eu posso trocar a cesta por verdura e mistura aqui na comunidade. E eu tô falando isso e sendo honesta porque em uma oficina que fiz uma vez foi falado que pra ser escritora tem que ser honesta. Eu entendi isso muito bem. Tem que falar a verdade que é mesmo. E essa é a minha verdade. Eu vou ficar muito feliz se conseguir trocar um conto por uma cesta. Vai ser muito bom saber que o povo aqui de casa tá comendo cenoura alface paio linguiça cabo de reio paga com literatura. Eu sou desse tipo de pobre que gosta da palavra literatura. Acho tão bonita. Eu sou desse tipo de pobre que sonha com os telhados de Paris. Eu nem tenho muita muita vontade de ir pra Paris. Mas na minha cabeça os telhados de lá eu gosto. Então eu sou uma pobre um pouco esquisita vamos dizer assim. Eu sou uma pobre que acredita que é possível comer direito porque aprendeu a escrever. Fiquei pensando muito em como eu ia começar a escrever este conto. Porque eu sei o que eu quero contar. Mas começar é mais complicado. Nessa oficina que eu fiz aprendi também que o começo é muito importante. Então eu fiquei pensando em como acertar com esse começo. É difícil pensar assim pra mim. Eu não sei se vocês vão conseguir me entender. É difícil porque aqui tudo é como se fosse embaraçado. Não tem *um* começo. No máximo a gente só vê os mesmos finais. Então eu precisei parar e me concentrar e ver como é que eu ia inventar o início. E realmente conseguir quem sabe um recomeço. Porque eu tive que pensar muito direito o que é que eu tava sentindo. Solidão. Medo. Tristeza. Pensei nessas palavras todas. E não era nenhuma delas. Conversando um dia de tarde com um amigo meu sobre a pandemia eu tava falando sobre o que eu sentia. A gente conversou muito tempo. Ele falou bastante e eu também. Então deu jeito de encontrar bem meu sentimento. E eu cheguei numa palavra. Foi ruim. Porque eu só consegui chegar na palavra porque não tive medo de ir lá no fundo de um túnel escuro e cheio de barro muito gelado.

Pavor.

Eu tive que assumir essa palavra pra mim mesma e senti um gosto de fracasso. Um gosto mesmo. Minha boca amargurou. E é porque eu olho pra fora. Aqui do lado da comunidade num centro espírita montaram um hospital de campanha. Roubaram todos os fios. Não tem como o hospital funcionar. Uma mulher que tem uma filha grávida dentro de casa tá com covid. Ela foi bêbada na casa da benzedeira pedir pra ver se podiam ligar a energia dela porque ela tava tremendo com muita febre. As crianças da comunidade não têm máscara e ficam soltando pipa na rua. Tá ventando muito. O céu tá muito limpo e azul. Eu fico sentindo tristeza e beleza misturadas vendo as pipas e as crianças sem camiseta livres e sem máscara sem cuidado. Eu tô Apavorada. Isso tudo é um susto muito grande. Porque junta com todos os outros sustos que eu já conheço. Mas nesse susto a gente vira tudo náufrago. Termina afogado no mar que cria dentro dos pulmões. Eu pensei isso assim. E fiquei muito triste. Aí depois pensei no que fazer e foi a hora que senti Pavor. Porque na verdade a gente por aqui pode terminar afogado e sentindo fome ou com vontade de comer manteiga ou danone. Eu vou confessar que quando achei a palavra pra começar esse texto esse conto quer dizer eu já não tava mais com vontade de escrever nada. Não tava vendo sentido. Parar e ficar encarrilhando palavra no meio de uma pandemia dessa? Qual conexão dá pra fazer entre a mulher sem energia tremendo de febre bêbada e a coisa do isolamento social? Não sou ignorante. Nem burra. Eu tento ler bastante coisa. E sei que muito artista e pensador faz isso. Mas na hora que chegou a minha vez de escrever e eu sempre escrevo não achei sentido não. Pra falar a verdade e vou falar uma coisa complicada eu nem sei como todo mundo não fica parado porque tá perdido. Onde a gente chegou? Que lugar é esse? Que lugar é esse que não tem amanhã? Que lugar é esse que o ontem não tem nada pra ensinar? O ontem é um deslizamento que desbarranca no futuro e mata as pessoas. Eu comecei a pensar nisso e não me deu nenhuma vontade de escrever. Eu não sei de onde vem a vontade de escrever nas pessoas numa hora dessas. Só que aí eu lembrei da cesta. E fiquei animada de novo. E quando fiquei animada eu pensei vou começar o conto com a palavra Apavorada. Aí eu escrevi a palavra Apavorada na folha. E não me veio mais nada. Fiquei olhando a palavra e pra mim mesma tudo já tava dito. Eu não tinha mais o que contar pra folha. Pensei ah eu vou detalhar isso né. Mas na real eu não tenho como fazer isso. Eu não tenho como fazer um relatório. Um relatório só que literário. Dói e eu tenho medo de não dar conta e ficar deprimida. Eu não sei fazer poesia. Não sei fazer rap. As coisas que eu escrevo são mais pra tentar guardar as coisas boas que acontecem. As coisas boas parece que não cabem muito aqui onde eu moro. Então escrever é um jeito de criar um lugar seguro pra elas. Eu fiquei quatro dias olhando a folha com a palavra Apavorada escrita. Conforme foi passando o tempo eu fui desistindo de escrever mesmo. Mas eu não desisti da cesta. Por isso vou enviar esse texto pra vocês. Então pelo menos vou terminar o conto direito. Apavorada. Amanhã.

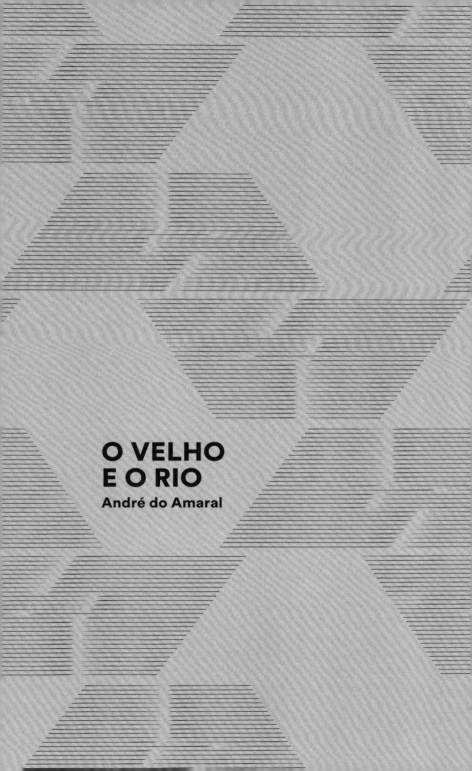

André do Amaral é da zona leste de São Paulo, poeta, dramaturgo e artista-educador. Mestre em artes pela Universidade Estadual Paulista e graduado em letras pela Universidade de São Paulo. Investiga a escritura poética. Trabalhou em diversos projetos de arte-educação na periferia paulistana. Atualmente, desenvolve dramaturgias, atua como artista-orientador de literatura no Programa Vocacional, ministra encontros de criação literária e cuida da Serena.

Aos mestres que partiram,
mas deixaram sonhos desenhados

O RIO CORRIA escuro como se fosse do mesmo tecido de sua pele. Seus braços, que nunca reclamaram do peso do remo, agora duvidavam da própria capacidade. O rosto ardia como se estivesse diante do fogo no seu hábito diário de alimentar fogueiras. Escondidas no breu, as árvores, nossas irmãs maiores, como dizia Sibé, pareciam querer se desculpar por não conseguirem curar sua falta de oxigênio.

Ofegante e febril, decidiu que era hora.

Desamarrar a canoa e embrenhar-se no rio não era uma escolha, era um encontro.

Desatava o último nó na linha que costura o tempo.

Ele já sabia desse dia, precisava agora vivê-lo.

De Tiquié a Uaupés até chegar.

"Sibé, meu amigo do povo Umukomasã, Desana.

Sei que me escuta.

Você que desenhou esse dia com tinta escura.

Hoje entendo, amigo.

Sou feito dessa matéria.

Sou feito de noite.

Sou Gente-Rio."

Sibé Kenhiporã, desenhador de sonhos, o melhor contador.

Riobaldo, que a voz afetiva do amigo renomeou de Rio, o melhor escutador.

Compunham uma dupla que fazia brotar narrativas fabulosas até na cabeça de homem branco, o povo que só desenha a si mesmo.

O vírus que afoga os pulmões e retira o ar visitou seu velho amigo em casa, sem que Rio pudesse ouvi-lo em sua última história.

A morte do companheiro Sibé, que os padres chamavam de Feliciano, lhe retirou o viço.

Viver era coisa de dia a dia, reinventar as formas de se gastar as horas, mas, com o amigo, os minutos relaxavam feito corpo derramado em rede.

Era coisa de conversa que não se apercebia, e cada som da mata era motivo de aprendizado, de um mundo encantado que, sem Sibé, havia deixado de ser.

Não mais ouviria histórias de que a avó dele, do povo Tukano, viveu metade da vida debaixo do Rio Tiquié. Que ela tinha escamas e sempre lhe mostrava os dedos grudados do pé enquanto contava a história de Gente-Peixe, do tempo que seu povo ainda não havia feito aldeia na terra. A Cobra-Canoa, o Lago de Leite, o roubo das flautas sagradas.

O desenhador era a pessoa que pintava um mundo que valia a pena habitar.

Sem ele, talvez não quisesse mais.

Tantos anos lendo, solitário, buscando sentidos nos capítulos, escavando uma vida que nunca teve. Rio que amava as escrituras. Que vivia dizendo que a única coisa boa que o cristianismo trouxe naquelas bandas foram os livros de literatura brasileira do padre Rosalvo. Ele que se chamava Riobaldo por causa da obra de Guimarães Rosa.

Logo ele, o caboclo letrado, aprendeu a admirar um homem que vivia sem a companhia das letras e nunca escreveu nenhuma linha em papel.

Sibé compunha versos e os deixava soltos no ar, no vibrar das suas onomatopeias e em seu modo de reproduzir o canto dos pássaros.

O que precisava ser contado estava escrito nos troncos, marcado nas pedras, nos sonhos, ele dizia.

Sua sabedoria não carecia ser impressa.

Na selva, de que valem papéis?

Eles não dirão que as traíras já foram um dia escamas de uma cobra que comeu o filho do Gente-Estrela.

Sua Kihti, suas narrativas, só viraram livro porque o padre lhe deu um gravador e os mais novos tinham medo de que as histórias morressem junto com os mais velhos.

Os anos de estudo de Rio pareciam ingenuidade perto de Sibé, que lhe ensinou a leitura mais importante: a dos próprios sonhos.

"É necessário separar os sonhos de beira d'água e os que a gente mergulha fundo. Se cabeça sua muito fechada em si, sonho é raso. Sananga no olho, arde mas abre bem. Tabaco no correr do dia, fumaça feita na terra do sonho. Consagrar o chá, conversar com os mortos que direção pra gente ir."

O amigo morto ocupava um lugar na canoa. Rio podia senti-lo em seu silêncio.

"Tá aqui porque eu vou morrer, Sibé?

Peguei também o vírus invisível, amigo.

Sinto febre e o ar da respiração tá ficando fino."

"Eu parti, Rio.

Você também vai, mas tua existência nunca foi de gente humana.

Pintei você há muito tempo. Te vi no sonho desse jeitinho: pele da cor da noite, corpo feito de água escura.

Eu já moro na grande maloca, mas voltei pra contar como termina história tua."

A canoa corta o Uaupés e segue o rumo dos afluentes.

Rio não consegue mais firmar o remo, o movimento dos braços se finda. Ele então se deixa embalar pelas águas, a febre aumenta, e uma brisa fria corta a face ruborizada. O corpo arfa em busca de um oxigênio que não virá.

Não sabe se entendeu o que disse Sibé.

Ele é personagem de narrativa do povo Desana?

O canto do Japu da noite anuncia, chegou, chegou.

A lua ilumina a trilha da canoa na água, feito uma cobra prateada.

Às suas costas, a constelação de Ñohkoa Tero.

Ao notar que a canoa parece querer entrar no rio, ele ri utilizando o que lhe resta de ar no gesto.

Talvez esteja morrendo.

Talvez esteja sonhando.

Há água na canoa.

Há água em seus pulmões.

Feito em tinta escura.

Ele, história de índio, desemboca.

Em cada aldeia se ouvirá sua história.

Do Gente-Rio.

Do Rio Negro.

Sua morte tem a cor da pintura de Sibé.

SOLO
Carol Miranda

Carol Miranda nasceu em São Paulo em 1986 e é formada em ciências sociais pela Universidade de São Paulo. Trabalha com produção de conteúdo na área da educação, é mãe da Catarina e costuma escrever pequenas histórias inspiradas em cenas do cotidiano. "Solo" é seu primeiro conto publicado.

PEGA A MEIA jogada no meio da sala e cada pecinha do brinquedo colorido que pareceu uma ótima ideia de presente no último natal. lembra do e-mail que deveria ter sido enviado ontem, mas vai hoje, sem falta. o pão tá quase queimando na torradeira. grita para o filho mais velho vir logo. a mais nova passa deixando um rastro de água, ou será xixi? os três sentados pra comer, passa pão, passa geleia, toma o leite, derrama café na toalha limpinha.

coloca o filho na frente do computador, a filha na frente da tv, vai usar o celular para a reunião de alinhamento estratégico da equipe. quem inventou essa história de escola em casa? procura uma roupa menos amassada, avisaram que é preciso ligar a câmera. as olheiras não tem como disfarçar.

um fala, o outro responde, ela tá com o microfone no mudo, travou aí também?, precisamos responder à crise, não dá para ficar parado. o filho tem uma dúvida sobre fração. a filha não está mais no sofá. onde foi parar essa menina, tá muito quieta, boa coisa não é.

não acredita que já é meio-dia. come aqui essa banana que eu ainda preciso terminar esse relatório. não, não

64 SOLO

pode brincar lá embaixo. digita, analisa, reflete, a cabeça no trabalho, na casa, nos filhos, no maldito ex que resolveu fazer quarentena na casa de praia com a namorada e um casal de amigos.

liga para os pais para conferir se estão em casa, se não estão saindo, se precisam de alguma coisa. chama os filhos. uma beija a tela que mostra os avós, o outro conta do documentário sobre dinossauros que assistiu na semana. desligam com a voz chorosa.

se espreme num canto da sala para sentir o único raio de sol que entra na casa. aproveita para ver o que as outras pessoas estão fazendo, quantas morreram, quem foi cancelado. promete que o próximo que disser que "vai passar", ela manda à merda.

olha de longe para uma mancha na parede, não sabe se é canetinha, comida ou meleca de nariz. pensa na mancha como um buraco que a leva para outra dimensão, outro tempo na história, um universo paralelo. para, volta. você não é virginia woolf, uma mancha na parede é só uma mancha na parede.

coloca a lasanha no micro-ondas, lava uma alface e corta um tomate bem fininho, como em um livro que leu faz tempo. é o jeito que ela tem de colocar um pouco de poesia nesse amontoado de tarefas que chamam de rotina. a louça tá acumulada de ontem.

os dois estão brincando juntos depois de almoçar, percebe que pode escrever aquele e-mail. no segundo parágrafo começa a gritaria, briga de irmãos, ninguém sabe como começou, mas termina sempre com a mãe aos berros também. dessa vez não aguenta e chora.

chora. chora. chora. chora.

quarenta dias dentro de casa e não tinha chorado ainda. mas agora chora. os filhos, estáticos, olham a mãe se desfazer diante deles. se pudesse, ficaria horas assim. mas enxuga as lágrimas, fala que tá tudo bem, vai ficar tudo bem. diz que vai passar.

como se não tivesse nada mais importante para fazer – e talvez não tenha – vai para a cozinha. faz o bolo de cenoura, receita da avó. com os filhos em volta, comem juntos a massa crua, sujam de farinha o chão engordurado.

já desistiu de trabalhar antes deles dormirem. brincam um pouco com um jogo da memória que compraram na última viagem, conversam sobre as pessoas que estão fazendo falta. depois de conseguir que os dois tomem banho, pede a segunda pizza da semana.

mal pode acreditar que a filha já dormiu e o filho está lendo na cama, sozinho. abre um vinho e tenta acompanhar as 172 mensagens no grupo das amigas da faculdade. manda uma mensagem: *saudades* e um coração lilás. deixa o celular na mesa e senta no sofá. toma um gole de vinho, respira fundo. ainda tem aquele e-mail que precisa enviar. amanhã, sem falta.

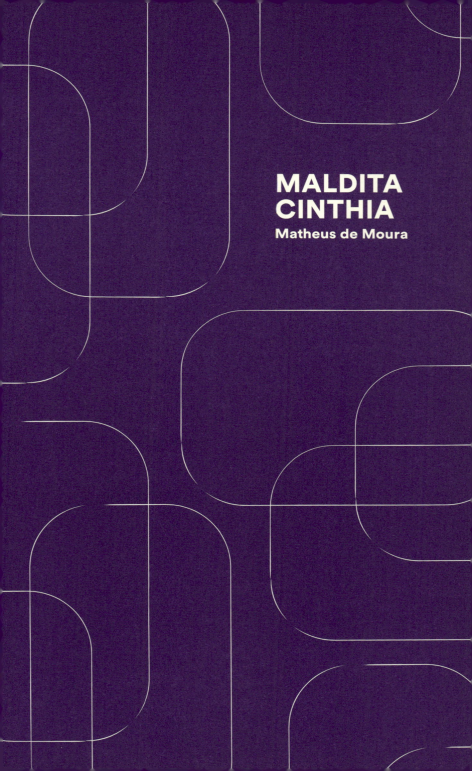

Matheus de Moura é jornalista freelancer, com formação pela Universidade Federal de Santa Catarina, e escritor de não ficção pela editora Intrínseca. Nascido em Santa Catarina e morador do Rio de Janeiro, escreve sobre temas de sua proximidade e interesse: raça, crime organizado, classe e comportamento. Autores que o formaram: Rubem Fonseca, Faulkner, Nabokov, Truman Capote, Ngũgĩwa Thiong'o, Frantz Fanon, Machado de Assis e Abdias do Nascimento.

EU JÁ ME encontrava isolado sob o calor da minha manta a me proteger do ar-condicionado havia uma semana quando a quarentena foi instaurada em Niterói, a Cidade Sorriso – que na verdade só me traz tristeza. Sete dias em sete minutos. Um timelapse de lapsos de luz invadindo os buracos de traça do meu blackout; uma riqueza de buzinas e zunidos incompreensíveis da televisão do quarto; lembranças de comida congelada que não aquece no miolo não importando a minutagem e a potência do micro-ondas. E tudo, tudo mesmo, começou com um lindo fora de Cinthia.

A gente namorava à distância muito antes do web-namoro se tornar a única forma viável de transar com quem você não pode tocar. Ela terminou comigo e eu fiquei mal, não minto, mas acho que as coisas degringolaram de vez quando fui demitido da agência de marketing digital porque "você não está rendendo já tem duas semanas, o que que há?", para o que respondi, se não me falha a suspeita memória, "há que não peguei meu diploma em jornalismo para trabalhar escrevendo sobre um produto chinfrim que sequer faz sentido. Sinceramente, quem precisa de um aplicativo para gerenciar aplicativos?!".

Rescisão na conta bancária. Celular carregado: substituí a comida congelada pelos serviços do iFood.

De certo modo, a quarentena veio no momento certo. Em outros casos, teria, muito provavelmente, me forçado a procurar um novo emprego, quando, na verdade, tudo o que eu queria era me afundar num belo par de coxas, mas não quaisquer coxas, queria as de Cinthia, maldita Cinthia, com sua sinuosidade perigosa, levando-me a derrapar nas beiradas de sua pele... Maldita Cinthia. Agora posso ficar aqui, sob o lençol – porque a manta está no cesto, esperando sua vez na máquina de lavar –, reclamando de Cinthia. Esse é o meu futuro neste mundo sem futuro.

Contra todas as indicações do meu coração, abri a cortina, olhei para baixo e vi o entregador na portaria, segurando uma sacola de papelão consumido pela gordura do hambúrguer da rua debaixo. Era um homem negro, como eu, careca, diferentemente de mim; boné pra trás, máscara somente sobre a boca expondo o nariz adunco. As gotículas a deslizar pelas têmporas reluziam sob o sol ardente, o mesmo sol que queimava minhas solas dos pés – esqueci do chinelo, ou só não o achei, não lembro. Só sei que, ao descer para pegar minha comida, vi Cinthia entrar no prédio dela.

Talvez este seja um bom momento para explicar como a conheci: ela é minha vizinha; mora com os pais no prédio ao lado. Conhecemo-nos como hoje as pessoas da nossa idade se conhecem: à distância. Eu de minha janela, ela da dela. Por três meses, não houve um dia em que não paramos em nossos respectivos parapeitos, caçando pelas cortinas do outro o vulto, a sombra, o corpo a dançar pelo quarto. No terceiro mês, após muitos cumprimentos a cinco dedos balançando e sorrisinhos desajeitados, gritei um belo "quer comer um hambúrguer comigo na rua debaixo?". Ela riu e meneou positivamente.

Mesmo depois do fim do nosso relacionamento de dois anos, Cinthia ainda vivia na janela – motivo pelo qual eu evitava o parapeito do meu quarto a qualquer custo, e um dos custos era a morte de todas as minhas plantinhas. Foi-se o tempo do manjericão fresco. Mas tudo bem. Agora eu tinha uma gorda rescisão e um igualmente gordo hambúrguer, entregue por um esquálido jovem trabalhador que pode ser tanto um vetor quanto uma vítima deste vírus maldito – bactéria desgraçada.

Subi triste.

Comi triste.

Bebi água mais triste ainda – esqueci de pedir refrigerante.

O ar-condicionado quebrou sei lá quando.

Quarentena é assim: depois do quinto dia, você já não sabe mais se localizar no tempo, especialmente se você já vem praticando-a desde antes, como no caso da quarentena do amor: infinitos dias de desintoxicação do pior vírus que o movimento romântico da literatura inventou: o romance ideal. Sem ar-condicionado, mas com muita tristeza e calor, me vi obrigado a abrir as cortinas e as janelas, deixar o vento transitar pelos cômodos. Lasquei-me de vez. Como já disse, Cinthia não perdia a chance de expor a pele de pêssego ao famoso sol fluminense. Maldita Cinthia, com a penugem de seu braço roçando contra o crespo do meu. Maldita. Num dia ficou na janela de biquíni, sem me notar sentado em minha cama, observando-a enquanto masturbava-me; noutro, foi de toalha pentear o cabelo e, dessa vez, me viu, pois me fiz visível ao aproximar-me do parapeito, novamente com a mão no membro ereto, mas sem que ela pudesse vê-lo. Ela notou apenas o vaivém do meu braço, o arquear e levantar do ombro. Sorriu e mordeu os lábios. Maldita.

Isso se repetiu por sabe-se lá quantos dias.

Calculando pelo tamanho da minha barba, Cinthia desapareceu depois de dois meses de quarentena. Certo dia, seu pai, que não coincidentemente é primo do meu ex-chefe, repreendeu nosso joguinho sexual – um espetáculo assistido por muitos vizinhos que, lentamente, aderiram ao cine-não-tão-privê que exibíamos nas janelas. O eco gutural daquele homenzarrão bruto e violento me arrepia até hoje. A senhora do apartamento contíguo, quando me viu procurar por Cinthia da minha janela pelo quarto dia seguido, esticou o já longo pescoço a um ângulo que me permitia vê-la melhor. "Eu ouvi o tapa, você ouviu o tapa?" No começo achei que era paranoia, delírios desvairados de uma mulher que não transava há muito tempo, reclusa num mundo que mata principalmente os de sua idade. Depois, com o transcorrer das semanas, comecei a achar que fazia sentido.

Liguei para Cinthia nesse meio tempo.

Ninguém nunca atendeu.

"Boa noite. No Jornal Nacional de hoje: Brasil ultrapassa Estados Unidos em número de infectados, tornando-se o país com mais mortes e infecções por covid-19." Inconfundível e bizarramente sensual, a voz grave e anasalada de William Bonner era a única coisa que conseguia me tirar do transe em que entrava diariamente, perdendo minha juventude a espionar o apartamento de Cinthia pela janela. Ninguém nunca aparecia. O mundo acabando e nem para ir ao mercado eles saíam.

As redes sociais da família dela estavam tão desertas quanto as ruas de Niterói no terceiro mês de quarentena.

Vou admitir que, entre responder aos chamados da natureza, ficar grudado na janela, zapear pelas redes sociais e ligar para o telefone que não atendia, eu já começava a ouvir barulhos mais estrondosos do que realmente eram. Certa noite, confundi uma mera goteira de pia mal fechada com a explosão de um cano. Meus ouvidos estavam delirantes. Foi só então que tive certeza de que Cinthia fora surrada por seu pai naquele infortunado dia. Maldita Cinthia, provocando-me uma preocupação epiléptica.

A rescisão acabou.

As contas não pararam de chegar.

O país não tinha um plano para lidar com as complicações econômicas do vírus. Entrei na fila para o Auxílio Emergencial, mas seiscentos reais não cobriam a fome que o meu exercício de espionagem proporcionava.

"Me ajuda, porra, ela é pesada." Juro que ouvi o pai de Cinthia dizer isso. Era noite, meus olhos tremelicavam, ameaçando um shutdown completo, porém, meus autobeliscões eram suficientes para manter-me acordado. Ele disse isso e saiu depois com um saco de lixo enorme, pesado, gotejando viscosidades não identificáveis. Eu sabia o que era. Cinthia tinha um cheiro inconfundível. Aquela sacola tinha a mesma fragrância que ela usava. Maldita. Tinha que ser morta? Por quê?

Liguei para a polícia, disse tudo, disse que ela sumiu, que ninguém saía daquela casa tinha semanas, que um carro com a placa tal tal e tal havia disparado com um saco gotejando sangue no banco de trás. O atendente só respondeu: "O senhor tem certeza de que ela está morta? Nós estamos com a maioria das viaturas ocupadas prendendo quem não está respeitando o lockdown e fazendo operações de grande urgência nas favelas. Seria um desperdício parar um carro que não tem nada de errado". Pode ser que ele não tenha respondido isso de fato, mas não acho que seja importante, pois o ponto é que insisti e ganhei, sendo assegurado de que o parariam na estrada e inspecionariam o carro.

Perdi.

O pai de Cinthia estava de volta na mesma noite, como se nada fosse nada.

Será que a polícia descumpriu a promessa?

Depois daquela denúncia malograda, percebi a janela do apartamento deles constantemente escancarada, como se quisessem me mostrar algo. O pai dela, vira e mexe, aparecia no parapeito com a esposa, e os dois ficavam a me encarar, enquanto eu degustava os hambúrgueres da rua debaixo, entupindo minhas artérias de gordura, inchando minha barriga como um hipopótamo em parto. Chorei muito nesse período. Às vezes em luto por Cinthia, às vezes nem sei por quê. Numa madrugada, após cinco dias consecutivos sem dormir, vi o pai dela transando com a esposa na frente da janela, ambos olhando pra mim. Foi estranhamente excitante. Tão logo meu pau endureceu e minhas pupilas pesaram, lutando contra si mesmas para manterem-se abertas, eles sumiram. Era um sinal. Debochavam de mim. Das autoridades. De Cinthia.

Saí de casa.

Caminhei cuidadosamente até a transversal à minha rua, ficando de frente para a janela do quarto de Cinthia – ela conversava comigo da sala de estar – e não havia móvel algum lá. Como se nunca tivesse existido. Mas eu sei que ela existira. Eu sei que ela era real. Aqueles cachos de uvas negros e esvoaçantes não poderiam ser fruto de minha imaginação, não tenho capacidade para tal perfeição humana.

Liguei para a polícia novamente.

Me ignoraram.

Maldita Cinthia, nem para fazer a polícia se importar com sua morte.

Eu tinha de fazer algo.

Tinha de vingá-la.

E foi o que fiz: fui ao mercado pela primeira vez em meses. Obrigado a usar máscara, entrei com um pano na cara. Larguei-o no chão ao aventurar-me pelas veias abertas do Supermercado Mundial. Respirei o ar fresco do ar-condicionado, que sedimentava o vírus num ar de baixa circulação. Tentei, mas não foi dessa vez que adoeci – embora tenha recebido uma multa do Niterói Presente por não usar máscara. Todavia, continuei tentando. Todo dia, geralmente pela manhã, eu ia ao mercado respirar vírus, tocar vírus, beijar vírus (longa história: acabei seduzindo uma caixa na sessão de estoques, nos fundos do mercado). Levei um total de cinco multas da polícia e uma advertência do mercado, dizendo que nunca mais deveria entrar no Mundial. Dei sorte que esse último esforço bastou. Em questão de dias, uma bigorna invisível afundava meu peito, estreitando a passagem de ar para a circunferência de uma agulha; minha cabeça estava povoada por bichinhos transparentes a gritar e espernear de dentro pra fora; a tosse era tão seca que juro ter cuspido areia certa tarde chuvosa. Agora era questão de passar para ele, o progenitor que matou minha amada. A passos morosos e excruciantes, fui ao portão deles, onde fiquei até que o pai de Cinthia descesse, o que, mais cedo ou mais tarde, ele acabou fazendo, porém com a companhia do senhor facão de cozinha. Ele veio para a calçada e o apontou para mim, disse que, se eu continuasse a persegui-los, assustá-los pela janela, iria chamar a polícia ou, pior, matar-me. Segurando minha tosse o máximo que pude, abracei-o e pedi desculpas, dizendo que estava passando por um período complicado.

Não usávamos máscaras.

Deixei o tempo agir.

Era questão de catorze dias e tchum.

Acordei de um sono profundo com o barulho de uma ambulância do Samu. Corri à janela, ainda convalescendo. Médicos entravam correndo com uma maca. Meus dentes ficaram incontrolavelmente à mostra. Vai

vai vai, eu gritava do parapeito, chamando a atenção do motorista da ambulância, que me lançou um olhar soerguido, estranhando-me, como se fosse uma aberração de um circo para chamar de meu. Finalmente, aqueles homens trajados como astronautas sem lua saíram correndo com um corpo na maca. Porém, era um muito mais miúdo, muito mais caquético e feminino.

"Parece que ela morreu de covid, pegou do pai."

A vizinha do apartamento contíguo, imprópria como havia de ser, lançou-me essa besteira. Não poderia ser Cinthia, ela já morrera muito tempo atrás. Não poderia. Não. Eu vi, eu vi o corpo, o saco, o gotejar. Eu vi aqueles olhos provocadores, zombeteiros, rindo de minha cara, no prédio do lado, protegidos pela sombra de um telhadinho acima da janela. Tinha de ser ele, tinha de ser a esposa dele. Eles mataram Cinthia. Eles mataram. Eu sei. Eu não sei.

"Como você sabe?", perguntei à senhora ao lado.

"Eu converso com a mãe dela pela janela toda semana, você nunca viu?"

"Eu?"

"É, você vive aqui na janela, achei que..."

Parei de ouvir.

Tal como comecei, terminei isolando-me para muito além do fim da quarentena.

Maldita Cinthia.

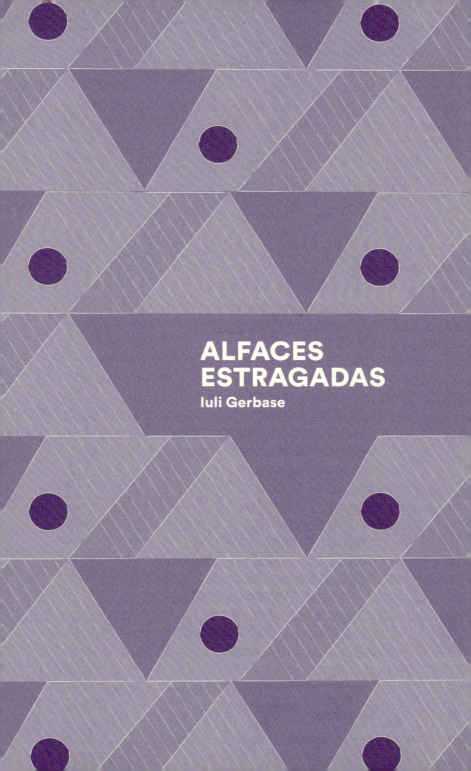

Iuli Gerbase é roteirista e diretora. Realizou seis curtas-metragens, que foram premiados em festivais de diversos países. Atualmente está finalizando seu primeiro longa, *A nuvem rosa*, um drama com toques de surrealismo e ficção científica. O roteiro do filme foi escrito durante seu mestrado em escrita criativa na Pontifícia Universidade Católica do Rio Grande do Sul, e o curso a relembrou do gosto por escrever literatura.

NO TRIGÉSIMO PRIMEIRO dia, ela me chamou. Ela já havia me chamado outras vezes, principalmente no fim da tarde. Me chamava com vontade quando eu chegava de uma festa às cinco da manhã. Me chamava sem parar dois dias antes da menstruação. Mas no trigésimo primeiro dia, ela realmente me chamou. Com palavras. Com um sotaque peculiar que eu não soube definir de onde era. Com uma voz feminina ao mesmo tempo reconfortante e sedutora.

Eu estava deitada no sofá da sala, pensando se fazia a aula on-line de yoga às sete da noite. Foi quando ouvi: "Oi, vem aqui". Me assustei. Olhei para a televisão. Estava desligada. Também não era o celular, e seria impossível ouvir a vizinha tão claramente. Olhei em volta à procura de um fantasma, apesar de não acreditar neles. "Sou eu. Vem aqui." A voz chegava da cozinha. Liguei a lanterna do celular como se ela fosse uma arma. "Não precisa ter medo."

Lá estava ela, me encarando, com alguns ímãs tortos na porta. "Eu preciso falar contigo", disse a geladeira. Olhei para as minhas mãos na tentativa de sair de um possível sonho lúcido. No mês anterior, depois de ter passado por um angustiante, pesquisei na internet táticas para encerrar esse tipo de pesadelo. O truque mais eficaz para despertar seria olhar para as próprias mãos. Mas minhas mãos continuavam ali, normais, iluminadas pela luz do celular. A cozinha era real, a voz era real. Levei um tempo até perceber que eu deveria responder ao eletrodoméstico. "O que tu quer?", perguntei. Ela emitiu uma vibração longa, sugando energia para se comunicar.

"Eu preciso falar contigo logo, caso tu venha a desaparecer por causa do vírus. Tô com um acúmulo de palavras engasgadas entre as prateleiras." Minha cabeça apenas tentava lembrar se eu havia tomado algum remédio vencido. O vinho do dia anterior não poderia estar estragado. A vizinha teria posto alguma droga na manteiga que me emprestou? Não, ela não faria isso. E eu estava perfeitamente normal até ouvir o chamado da geladeira. "Eu preciso que tu preste atenção." Constrangida, fiz um sim com a cabeça, agora mais atenta. "Tô ouvindo."

Ela vibrou forte, como se tomasse coragem. Em seguida se acalmou, e começou a falar em uma voz que denotava mágoas antigas. "Não é saudável o jeito que tu me trata... Tu me enche de legumes porque compra demais de uma vez só. Depois nunca consegue dar conta de comer tanta alface antes que ela estrague. Eu sei que tu tenta ser saudável, mas é falta de consideração deixar os pimentões orgânicos apodrecendo dentro de mim, soltando aquela gosma nojenta, enquanto tu chama uma pizza. Sabe quantas vezes tu já me traiu com pizzas? E eu tô sempre aqui pra ti. Eu nunca queimei. Eu resisti a tempestades fortes. A televisão já queimou, mas nunca eu. Tu me limpa uma vez a cada nunca. Quando limpa, é desleixada e não presta atenção na gavetinha da porta. Eu não tenho mais assunto pra inventar com as comidas congeladas. O pote de feijão tá aqui há cinco meses, parado. Já sei a história de vida de cada grão. Tá achando difícil trinta e um dias de quarentena? Imagina cinco meses no freezer. Tu não aguentaria cinco minutos no freezer!"

Minhas pernas estavam contraídas de tanta culpa. Eu reconhecia que ela tinha razão em tudo, o que é raríssimo quando duas pessoas discutem a relação. Mas, bem, ela não era uma pessoa. "Desculpa", respondi com vergonha. Que palavra fajuta, essa. Me senti ridícula ao dizê-la. A geladeira foi sempre tão fiel e dedicada, e eu só fiz o mínimo por ela. No momento da sua compra, me senti muito adulta ao investir na garantia estendida de dois anos. Fiz para evitar futuras incomodações com consertos, mas durante os nossos quatro anos juntas ela nunca reclamou, nunca precisou de um técnico que prometeria uma visita no turno da tarde sem estimar uma hora aproximada.

"O que eu posso fazer pra me redimir?", perguntei com alguma esperança. "Então. A xícara me contou que tu tem uma varanda na parte de trás do apartamento. É verdade?" Respondi que sim. "E dessa varanda é possível ver a rua, as pessoas passando?" Respondi que sim novamente, mas expliquei que na quarentena passam poucas pessoas, geralmente com compras do supermercado ou com seus cachorros. A geladeira vibrou tanto que pude ouvir um prato de vidro tilintar dentro dela. "Cachorros! Eu sempre quis ver um cachorro." Receei pelo que ela viria a me pedir. "Eu quero que tu me leve até a varanda. Quero ficar lá pra ver os cachorros balançando suas jubas." Expliquei que os leões que têm jubas, e estes não passariam por ali. Cachorros balançam os rabos. "Isso. Os rabos. Eles têm rabos, orelhas e patas." Como ela tinha essas informações, se nunca havia visto um cachorro? Não importava. A questão era resolver como arrastá-la até lá com meus braços de quem não gosta de academia.

82   ALFACES ESTRAGADAS

Foi patético. Suei. Distendi algum músculo perto do ombro. Quebrei a unha. Arranhei o chão. Lasquei a ponta da mesa. Cansei no meio do caminho e tive que parcelar em quatro pequenas idas. Mas ela chegou. A geladeira estava na beira da varanda, como uma idosa olhando o movimento da rua com curiosidade. "Quer que eu abra a tua porta pra enxergar melhor?", perguntei. "Não precisa, não é assim que funciona. Já estou vendo tudo", disse ela em uma voz fraca, abafada pela emoção de estar ali. Me surpreendi que ela conseguia falar mesmo fora da tomada.

Passou um casal com sacolas de supermercado. Uma jovem com uma ecobag. Quatro motoboys com coletes do aplicativo de tele-entrega. E então, em um slow motion da vida real, um senhor com um cachorro. E não era qualquer cachorro. Era um dálmata. De pernas esguias. Todo pintado. A cabeça guiando o caminho com autoridade. Era possível imaginar o dálmata dançando balé, de tão gracioso. Olhei para a geladeira, que estava muda. Encostei nela, mostrando meu suporte emocional. "Agora eu entendo", disse ela. Perguntei o que ela entendia. "Entendo por que vocês tratam os cachorros como filhos. Por que vocês ainda os amam mesmo depois de destruírem todo o tapete. O que é um tapete comparado a um cachorro?" Refleti.

Eu nunca quis ter um cachorro. Eu gosto do meu tapete e do meu silêncio. "Não te preocupa. Eu não pediria pra tu trazer um cachorro pro apartamento. Não faria isso com um pobre animal." Eu só queria que a geladeira parasse de me ofender. Eu já havia arranhado o chão e distendido meu músculo por ela. Não era necessário me pintar como vilã em um cenário imaginário.

Perguntei quando ela gostaria que eu a levasse de volta à cozinha. "Pra cozinha? Nunca. A gente terminou. Achei que tu tivesse entendido." Ah. Engoli em seco.

Olhei para as minhas mãos de novo. Estavam normais. Eu estava acordada. Na janela do lado, um vizinho colocou a cabeça para fora da janela. Olhou para mim, para a geladeira, não falou nada, voltou para dentro. Deve ter pensado que era um projeto artístico da quarentena, a geladeira na varanda. Era um término, tão surreal quanto doloroso. Não sou orgulhosa, mas implorar para uma geladeira não desistir da nossa relação é demais para mim.

Voltei para a cozinha e vi o pó acumulado na área do chão que a geladeira costumava cobrir. Me perguntei se embaixo do fogão também estava assim tão nojento. Olhei para o fogão. Cada boca possuía sua própria cor de sujeira. Uma fina camada de gordura tomava conta de tudo. Fiquei nervosa. Peguei a esponja e dois produtos de limpeza. Desmontei as bocas. Lavei por dentro, em volta, em cima, embaixo. Abri o forno e o esfreguei todo. As laterais. A tampa de vidro. O ergui inteiro, com uma força que surgiu em meio ao pânico. Limpei o chão. Limpei a parede atrás dele. Limpei o cano de gás. Tudo. Respirei, cansada. Guardei a esponja e os produtos.

Olhei para o fogão, mais limpo do que quando chegou da loja. O brilho dele quase me ofuscava. Me ajoelhei, sentindo o produto químico que restava no chão molhar as minhas pernas. Passei a mão na alça do forno. "Eu vou te limpar todos os dias. Nunca mais vou deixar uma panela suja em cima ti. Nunca mais vou te trair com o micro-ondas. Eu te amo. Eu te amo profundamente, fogão." Beijei com doçura a boca menor dele, sentindo o seu metal nos meus lábios. Afastei o rosto e liguei o gás da mesma boca. Apertei o botão elétrico. O fogo acendeu, em um círculo laranja perfeito. Um círculo que, visto com olhos semicerrados, virava um coração em chamas. Foi esplêndido. Ele me amava também. Um amor quente, intenso, imensamente superior ao da geladeira.

OLHAR NA TUA CARA E DESCOBRIR QUE HORAS PODEMOS CONVERSAR

Caio Riscado & Maria Isabel Iorio

Caio Riscado é professor, doutor em artes cênicas pela Unirio, diretor teatral, performer e membro de Miúda (RJ). Pesquisa marcas da abjeção e a inespecificidade em performances de artistas brasileiras. Tem publicações em periódicos e livros, com destaque para a análise de questões relacionadas aos gêneros e às sexualidades. Publicou também: *Com as costas cheias de futuro* (Urutau, 2020) e *Uma bicha* (Pipoca Press, 2018).

Maria Isabel Iorio é poeta e artista visual. Publicou, em 2016, *Em que pensaria quando estivesse fugindo* e, em 2019, *Aos outros só atiro o meu corpo*, ambos pela Editora Urutau. Faz uma série de trabalhos em vídeo, fotografia, teatro, colagem, ações coletivas.

– QUÊ?

– Eu não disse nada.

Elisa retruca:

– Mas tá com cara de quem já disse alguma coisa.

– Eu tava pensando – comenta Julia.

– Tava pensando numa frase pra me dizer, não tava?

– Por que você tá invadindo o meu pensamento?

– Não é vaidade, viu? Só tem eu aqui, com você, e sei que não se pensa sozinho.

Julia pensa:

– Não?

– Talvez no começo, mas quando chegamos numa ideia, imediatamente contamos pra alguém, geralmente a pessoa mais perto.

– E se estivermos sozinhos? Em casa?

Elisa insiste:

– Então escrevemos pra alguém.

– Você faz isso? Toda vez?

– Eu não moro sozinha.

– Mora comigo.

– Dois anos – calcula Elisa.

– E me diz tudo o que pensa?

– Só as melhores ideias.

– Eu não tenho certeza se a minha ideia é uma boa ideia.

– Por isso falei pra me dizer. Se não a gente fica com essa cara de que a vida não presta.

– Para de olhar esse celular! – Julia se irrita.

– Então fala.

– Você viu que uma escola na China pediu que as crianças usassem chapéu de helicóptero?

– Não, que chapéu de helicóptero?

– Um chapéu com hélices. Hélices que saem pra fora da cabeça, que delimitam a distância que as crianças precisam ficar umas das outras.

– Ah, eu precisava de um chapéu desses. Eu nunca sei calcular distâncias.

– Por isso que você dorme sempre no meio da cama?

– Ei! Como você sabe disso? – Elisa pergunta.

– Você dorme com a porta aberta, ué.

– Agora me senti totalmente espionada.

– Você não gosta que eu te veja? Que besteira.

– Quando uma pessoa dorme, ela não tá preparada pra ser observada. Quer dizer, você pode me olhar, mas, se não me avisa, não vai levar o melhor de mim.

– Tá bem, da próxima vez te acordo quando estiver passando.

– Eu gosto de ouvir o barulho do corredor. Se fecho a porta, parece que mato um pedaço da casa.

– Eu durmo de porta fechada. Toda noite, então, morro pra você?

– Acho que sim, né, eu não sonho com você.

Julia olha para a parede antes de dizer:

– Bem bom fazer parte de uma casa em que eu renasço todo dia do meu próprio quarto. Tipo uma fênix.

– Sua cara de manhã é de espanto.

– Meu sono é pesado.

– Entendi. Quando você dorme com alguém, acorda mais cedo pra não assustar a outra pessoa?

– Claro. Transar é bom porque me faz acordar cedo.

– Só por isso?

– Também por outros motivos. Eu transo e, por exemplo, penso que posso vencer na loto.

– Isso explica o porquê de tão poucas pessoas milionárias. Um país que não transa. Entendi tudo.

– É sério, você não sente falta?

– Sinto. Aqui, uma pergunta: você lavou a vasilha que veio o bolo? Tá me dando nervoso ela em cima da mesa.

Faz calor. Talvez por isso Elisa tenha notado o suor da vasilha em que veio o bolo. Uma luz difusa ilumina a sala. O apartamento é claro, mas daqui a pouco será preciso acender as luzes. Julia não gosta de ficar no escuro. O lusco-fusco é sempre motivo de discussão entre elas. É preciso renovar os assuntos.

– Claro que lavei.

– Acho que estou um pouco maluca. Queria ter visto você lavando, pra ter certeza.

– Então quer dizer que *você* pode me olhar sem avisar?

– Não é isso. Eu vejo você fazendo um milhão de coisas. Eu não duvido de como escova os dentes. Talvez porque eu não seja obrigada a morar dentro da sua boca. Mas a vasilha do bolo, ela está entre nós.

– Que aliás você comeu mais da metade. Para de noia.

– Acho que por isso que me deu culpa. Só pensei depois que comi.

– Já senti isso muitas vezes.

– Você sabe que essa semana vai ser a pior, não sabe? Li que vamos chegar no tal pico da curva.

– Li uma notícia no banheiro. Fico confusa. Toda hora tem ameaça de pico. As semanas passam e o tal pico é jogado pra frente.

– De qualquer jeito vamos tentar ficar mais trancadas aqui. Ir menos ao mercado.

Julia abre a boca.

– Que sorrisinho é esse?

– Não sei. Quando você fala que vamos ficar trancadas me dá vontade de rir. Imediatamente te imagino presa por umas correntes e aqueles cadeados de desenho animado.

– Olha, o nome disso é fetiche.

– Eu gosto desse nome.

– Fetiche?

– Sim.

– Ao contrário é "ehcitef". Fala.

– Éssitéfi. Agora fala que fetiche você tem.

– Já pensei muitas vezes em passar dias em casa, sem fazer nada, olhando pro teto, dando tempo para as coisas. Agora que estamos nessa situação, não vejo a hora de poder fugir.

– Eu queria transar no meio de uma festa. Isso ainda não deu tempo.

– Eu fiz isso uma vez, aqui em casa.

– Ah, para. Com quem?

– Não importa a pessoa, eu nem lembro o nome.

– Mas se foi no seu quarto não vale. Eu queria transar no meio da festa mesmo, no meio das pessoas. Eu queria transar dentro da multidão.

– Promete que não vai ficar puta? Foi no nosso banheiro.

– Você limpa o banheiro tantas vezes que eu jamais teria percebido. Zero puta. Foi bom?

– Normal.

– Acho que vou passar outro café. Tenho mania de café fresco.

– Você tem.

– Como ela me conhece, ela!

– Não vai me falar mesmo, né? Sua ideia.

– É que, na verdade, era só um pensamento. Não

chegou a se definir como ideia. E acho que você não teria coragem. Aliás, esqueci de te dizer: enquanto você tava no banho, sua mãe ligou.

– E o que ela queria?

– Não sei. Não disse. Mas parecia bem.

– Coragem de quê?

– De trepar comigo.

– Oi?

– Olá, boa tarde, era essa a minha ideia: a gente transar.

– Quer fazer uma festa também? Pra ser no meio de todo mundo?

– Fazer festa a gente não pode porque eu não sou escrota de quebrar o isolamento. Mas pensei que seria aqui, fora da cama.

– Me passa o cigarro?

– Ficou nervosa, vai fumar porque ficou nervosa.

– Eu fumo o dia inteiro, criatura. Me dá o isqueiro.

– Mas tá nervosa.

– Um pouco.

– Ontem saiu uma matéria dizendo que a nicotina pode ajudar a combater o vírus no organismo.

– Matéria de onde?

– Da França, eu acho.

– Só podia ser.

– Eu pensei na sala pra experiência não ficar marcada no lugar onde você dorme, entende? Assim, poderia deitar e não ficar com as imagens. Sei lá, me pareceu mais tranquilo.

– Há quanto tempo você pensa nisso?

– Algumas horas.

– Esse bolo foi pra me comprar? Você não vale nada.

– Não. Até porque o bolo foi sua mãe que mandou. Gente, deve ser por isso que ela ligou, né? Nossa, eu tava muito chapada, desculpa.

– Que ótima ideia falar da minha mãe agora.

– Até parece que sua mãe existir te impede de trepar por aí.

– É que a imagem da minha mãe não é muito, digamos, estimulante.

– E a minha?

– Como eu só conheço por foto, não consigo pensar ela inteira.

– A minha imagem, não minha mãe.

– Claro que a sua é. Nosso problema não é esse.

– Tava esperando você dizer isso. Eu fiz um esquema com todos os nossos possíveis problemas e, de tudo que li sobre sexo em período de pandemia, nossa situação é extremamente vantajosa.

A janela, atrás de Julia, mostra a mesma cena que mostrou ontem, anteontem. Os vizinhos nunca vão à janela. Elisa sente falta especialmente de andar de trem, ver a paisagem mudar o tempo todo, ver a janela emoldurando a mudança e os vendedores cortando a visão com suas vendas de biscoito, carteiras, capinhas de celular. Quando o trem parava nas estações, Elisa se sentia diante de uma fotografia inútil. Por isso, ela sempre senta de costas para a janela do apartamento, porque detesta o tédio dos prédios, calados, parados. Julia senta de frente para Elisa esperando que ela altere seus olhos com qualquer gesto, mesmo os irritados.

– E o que a gente faria amanhã? E no dia seguinte? E nos trezentos meses seguintes?

– De imediato consigo pensar em duas opções: se for joia, a gente poderia continuar fudendo. Se não for, a gente para e finge que nada aconteceu.

– Você acha que tem chance de ser ruim? Mais chance de ser ruim?

– Eu não fiquei imaginando demais pra não perder a graça.

– Na minha cabeça é bem bom.

– Ah, então você também tem imaginado?

– Não. Isso eu pensei agora. É automático. Você falou e eu pensei. E eu já te ouvi fazendo... Muitas vezes.

– Entendi. Estou vendo que alguém aqui pensa nisso há muito mais tempo que eu.

– Eu não tenho culpa que as paredes desse apartamento parecem feitas de isopor. Eu morro de medo de tudo despencar.

– Então deixa pra lá.

– Não. Calma. Eu só não sei se é uma boa ideia. Mas agora já é uma ideia nessa casa, a gente não tem como ignorar essa ideia sentada na mesa.

– O que você sugere que a gente faça com ela?

– Não sei. Só consigo pensar no intervalo dos quatorze dias. Será que a gente precisaria não sair pra nada por quatorze dias pra depois, só depois, poder fuder?

– Você sabe que se eu pegar você também pega, fudendo ou não, e vice-versa, né? A gente se esbarra aqui dentro o dia inteiro.

– Ai, que saudade. Que saudade de quando transar era simples.

– A gente pode transar de máscara também.

– Ah, para, chega! Se a gente vai fuder, a gente vai fuder!

– O meu maior medo é não ter como ir embora, ir pra casa logo depois. Porque acordar junto é uma parada.

– Um amigo me disse que em algumas cidades tão colocando máscara nas estátuas da rua. Pra dar o exemplo.

– Estátuas não transam. Mas a gente podia dar o exemplo também. Fazer um vídeo transando de máscara.

– Podemos combinar uma coisa, fazer um acordo. A área de serviço pode virar a nova rua. Se uma de nós estiver por lá, é proibido se dirigir à outra. É pra agir como se a outra não estivesse em casa, como se fosse possível habitar lá fora mesmo de dentro.

– Se você estiver lá e eu precisar pendurar a roupa eu devo olhar pra baixo? Você acha mesmo que eu vou conseguir fazer isso sem rir?

– Se eu estiver na área, quer dizer, na rua, você pode me ligar e perguntar em quanto tempo eu chego em casa. Como na vida, você espera esse tempo e faz o que quiser. Ou pendura a roupa. Enfim, vai pra rua também.

– A gente nunca se encontrou por acaso na rua, né?

– Então, nós temos horários diferentes.

– Vai ver por isso que o meu quadro de análise foi positivo.

– Rapidinho, não tô fugindo do assunto, mas o que a gente vai jantar hoje? Me deu fome e lembrei que não agitamos a cozinha.

– Será que a gente pede algo?

– Você tá brincando, né? Se quer transar comigo vai ter que abrir mão dos outros.

– Gente, se eu descer pra buscar uma comida perdemos um dia na nossa contagem de catorze? Não precisamos ser extremistas. Eu já volto direto pro banho, como você parece gostar.

– E eu vou ficar que nem uma pessoa arrependida limpando embalagem? Porque essa é, pra mim, a imagem do arrependimento. Limpar aquilo que já está, que já é. O problema de se arrepender é justamente não deixar as coisas serem.

– Uma poeta.

Elisa é veterinária. Mas elas não têm bichos em casa.

– Eu nunca mais vou saber se você tá me pegando uma toalha, transferindo o aluguel pro carinha da imobiliária ou ligando pra síndica porque é minha amiga ou se tá fazendo as coisas porque quer lamber o meu cu.

– A gente não precisa entrar no tema da nossa amizade. Isso não é um pedido de casamento. Quer dizer, a gente já é quase casada. Ou não. Enfim, pouco importa. Porque também podemos deixar as coisas ditas: olha, hoje é sexta-feira e eu vou lavar a louça porque quero transar muito e você esteja ciente.

– Será que a gente inventa regras? Por exemplo: é proibido chegar por trás.

– Ah, não tira a melhor parte.

– Tenho receio de me sentir perdida. Tá vendo? É só a coisa mudar de figura que nem uma simples decisão sobre o jantar a gente consegue tomar. Tudo bem por você um picadinho com farofa? Ou tá cansada de farofa?

– No momento eu me sinto cansada de tudo, embora não faça quase nada. Minha maior atividade é olhar na tua cara e descobrir que horas podemos conversar. Quer tomar uma cerveja?

Julia já ligou as luzes da sala. O alarme do celular de Elisa tocou três vezes. Não era nada. É evidente: não há mais nada para ser.

– Acho que não tem mais.

– Como assim?

– Teve festinha remota do pessoal do trabalho ontem e eu bebi além do esperado.

– Eu odeio o seu trabalho, cara. Mesmo distantes, eles conseguem me atrapalhar.

– Amiga, a gente tá bebendo todo dia.

– Se a gente transasse com frequência com certeza eu ia falar pra você pedir demissão.

– Que bom que ainda não rolou então, né?

– Fico feliz de perceber o "ainda" na sua frase.

– Quer tomar esse resto de café?

– Ainda tem?

– Ainda.

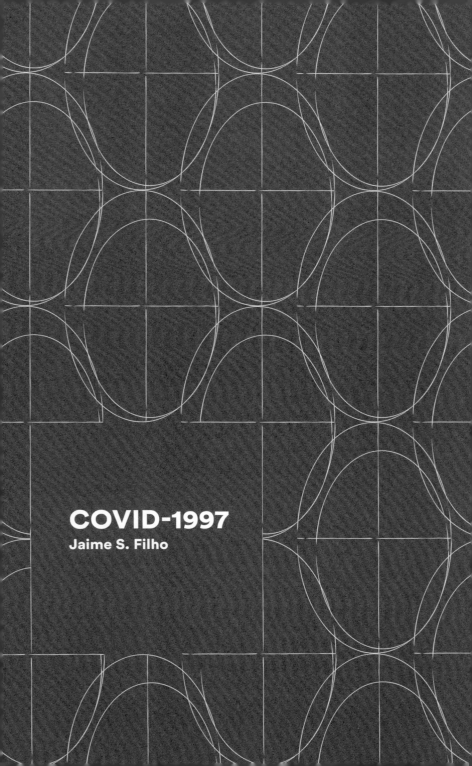

Jaime S. Filho ficou em segundo lugar na aula de redação na 6ª série D (a caixa de Bis foi para um ex-amigo autor das quinze linhas de *O gato rolou do telhado e caiu, caiu, caiu...*). Tem 33 anos, ocupa-se com direito, economia política, política internacional, gritos da coluna, acumulação de abas e rancores. Interessa-se por fuga do tema através de textos experimentais, por gatos abandonados e por Bis. Escreve de Salvador. Um dia, para os sobrinhos.

[**JUNHO DE 1998,** a covid-97 chega em Salvador. A TV anuncia que o mundo todo está em perigo, com todos os canais passando fotos borradas de gente morrendo. Meu pai disse que essas fotos dão muito dinheiro, até prêmios. Odeio que ele acha que acredito em qualquer coisa. Falei logo *Ninguém premia borrão, nem paga pra ver gente morrendo*. Então meus pais sentaram comigo e me explicaram a importância daquilo para entendermos *A dor espalhada pelo mundo, meu filho...* E temos agora que ficar em casa. E nada de amigos. É, nada de amigos... É um pouco difícil, meus pais perderam os trabalhos e ficam mesmo em casa (o-tem-po-to-do). Mas, pelo menos, nada de eu ir pra escola. Aí é isso: agora somos só eu e os meus pais.]

Março de 2020, a covid-19 chega em Salvador. A internet e a TV (pela internet) anunciam um mundo em perigo, com algumas opiniões dizendo que isso é uma questão de opinião. Os números, esses mostram nossa gente já morrendo. Falei logo com o meu pai, só para ouvir como sou *Mais um burrão!*. Ele quer pagar para ver. Acredita que vale botar a cabeça a prêmio, pois *O dinheiro precisa circular*. Sentei-me, então, com os meus pais na casa deles. Expliquei-lhes a importância de entendermos a dor que se espalha pelo mundo e de que tentemos ficar em

casa, *Parei até de receber amigos, gente*. É, nada de amigos...
Tem sido um pouco difícil, mas, pelo menos, ninguém
tem mais que ir pela manhã lá no meu trabalho: traba-
lhamos de casa, e só vamos para a repartição à tarde. E,
por um tempinho a mais todos os dias, somos só eu e a
minha companheira.

[Tem uma preocupação que fica martelando a minha
cabeça: se não posso ver meus amigos, como vou trocar
as figurinhas do maldito Carlos Miguel? Ainda estou
tentando completar o álbum do campeonato do ano
passado, e Carlos Miguel, titular do Grêmio e acho que
também de alguma novela mexicana, é o craque das figurinhas repetidas. A preocupação só diminuiu, levando
junto toda a minha vontade de viver, quando chegou a
pior das notícias: a Copa do Mundo está adiada.]

Uma preocupação martela a minha cabeça: para quem
vai ficar a promoção na Secretaria? Ainda tento ser o primeiro a chegar e o último a sair. Sou figurinha repetida e
carimbada em todas as reuniões, mas o coordenador me
passa tudo dos piores trabalhos e zero dos tapinhas nas
costas. Nunca caí nas graças dele. A preocupação só se
esvaiu, levando junto meu hábito de chegar mais cedo
que todos, quando tive a melhor (a melhor?) das notícias: a minha companheira está grávida.

[Curioso que, uns dias atrás, tudo era super certo. Nunca
ia me preocupar com isso. Agora, é só nisso que penso.
Deito pra dormir e penso na Copa ou em coisas como
aquele dia que um repórter de TV me parou lá na fila do
shopping. Era pra mandar um recado pro Romário, que
não estava dentro da Copa só por causa de uma lesão.
Lembro de pensar no monte de gols dele, virar pra câme-

ra e me esquecer que ele já tem trinta e dois anos e um monte de lesões: *Romário, você ainda vai jogar várias Copas!* Bom, agora, ele vai poder tentar jogar a próxima, né? Isso se sobrar o suficiente do mundo pra ter alguma Copa.]

Curioso que, uns dias atrás, minhas preocupações, as que me pareciam importantes, eram outras. Agora, é só nisso que penso. Deito para dormir e já me vejo nove meses à frente: parado em um shopping, engarrafado com outros novos-pais, todos na luta por fraldas, presentinhos e minirroupinhas que ficarão apertadas em menos de um mês. Dezembro não celebrará mais apenas o consumo de Natal, mas também o nascimento de toda a Geração Q (-uarentena). O que me lembra, e é estranho como uma preocupação maior coloca preocupações tão pequenas, esdrúxulas e viciantes na nossa cabeça: preciso ser o primeiro lá nas reuniões do trabalho a jogar a ideia das maternidades de campanha; isso se me permitirem algum espaço nessa loucura toda para que eu dê alguma ideia.

[A TV está sempre mostrando que o mundo está acabando. Bom, não parece. O meu mundo ficou, no máximo, menor, mas é o mesmo. Não cuido de nada aqui no apartamento, mas é que são só dois quartos; até cuidava da criatura do tamagotchi, mas enjoei, e também ele sumiu – acho que caiu aqui atrás da cama. Alguém vai pegar. Ah! E não tenho que ir na escola nova com aqueles riquinhos. Então tudo é como as férias. Só que sem jogar bola. Pelo menos, posso ver, todos os dias, os olhos verdes de Diane. Eles me olham da porta mais bonita de todas as seis do nosso 6º andar. Meu pai me diz que *São portas idênticas, Jaiminho.* O dicionário fala que idêntico é o que em nada difere dos outros. Então a porta dela é a menos idêntica de todas. Quando as portas estão fechadas, converso sobre Diane com minha mãe e quase sempre fico lendo ou vejo filmes com meu pai.]

A internet mostra que o mundo está acabando. Bom, parece que está. O meu mundo ficou gigante e meus braços para agarrá-lo não são os mesmos. Tenho que cuidar do apartamento e cuidar de arranjar um novo de dois quartos. E ainda vou ter que cuidar de uma criaturinha. E se eu não souber como? Por mais que eu e a futura mãe conversemos, leiamos, assistamos vídeos, não tenho como saber se serei um bom pai.

[Assistir filmes é o que mais ocupa o nosso tempo, aqui em casa e lá fora. Mas não tem muito disso de fora de casa não; a não ser quando precisamos de coisas, como quando vamos na locadora pra pegar os filmes. Vamos de carro. Ninguém pode entrar. Esperamos na fila. Uma fila imensa. De horas. Todo mundo tem que ficar dentro dos carros. Todo mundo de máscara. Um calorão! Uma moça distribui um tipo de cardápio com bem mais de cem filmes, é ótimo pra passar o tempo. Meu pai me deixa escolher uns de vez em quando. Os meus favoritos são os de três horas, de fitas duplas. Aqui em casa, assistimos os vários filmes, passo uns trotes no telefone, leio a Coleção Vaga-Lume, *A droga da amizade*, *A droga do amor*, *A droga da obediência*, e vamos dormir.]

Assistir séries é o que mais ocupa nosso pouco tempo livre lá dentro de casa. Para ela, aliás, isso aqui do fora de casa virou um conceito distante. O que não a poupa de trabalhar. Acordo, e ela, em meio a enjoos, já está nas suas reuniões on-line intermináveis. Volto do trabalho, e as reuniões ainda tentam seguir intermináveis. No fora de casa, trabalho, faço as compras e principalmente pego filas. As da entrada e da saída do mercado. As da farmácia. A de cinquenta-minutos-na-assistência-técnica-só-para-descobrir-que-o-celular-ainda-não-foi-consertado-pela-terceira-vez. Fila para tudo. Chego em casa exausto. Fazemos a comida, conversamos sobre os trabalhos, ou continuamos neles, assistimos a séries por dois ou três episódios a mais do que deveríamos, reclamamos das ligações de *call centers*, falamos que queremos voltar a ler algo que não seja sobre bebês e desejamos (apenas desejamos) voltar a beber, ou a usar qualquer droga, e, sem percebermos, estamos dormindo.

[Mas o melhor dia mesmo foi quando eu e Diane resolvemos desobedecer. Fomos pra praia. Foi maravilhoso, apesar de sermos os estranhos de máscara. O custo: acordar às quatro da manhã, três bolhas nos pés, duas orelhas empenadas e uns dias de castigo. O lucro: uma onda tirou a parte de cima do biquíni de Diane. Os meus dias agora são feitos da interminável espera do fim dos sermões e dos castigos. Me sinto na igreja. Os dias dos meus pais, eles dizem que são a interminável espera por eu sair dos banhos. Ontem de noite, quando desliguei o chuveiro, escutei eles conversando que estou com um problema, que não veem a hora de me levar pra igreja.]

Mas os melhores dias são também os piores. Fomos ao obstetra. Foi maravilhoso, especialmente por (e apesar de) descobrirmos que teremos gêmeos. O custo: já desistimos de calcular em dinheiros ou em fios brancos. Calcular? A gente? A gente que não soube nem fazer direito a tabelinha? O lucro: diz ela que os peitos crescem e vou gostar. Os nossos dias agora são feitos de uma indomável ansiedade na preparação para sermos pais. Aliás, tenho que ligar para o meu pai. Espero que, desta vez, os cinquenta minutos de fila me levem a um celular pronto. É que preciso falar com ele. Certo... é também pela falta das redes sociais. Mas é que sem elas qualquer espera me transporta para um letárgico (litúrgico?) tédio. Algo que eu não sentia há uns vinte anos. Me sinto de volta à igreja.

QUARENTENA, 10 LETRAS

Analu Bussular

Analu Bussular nasceu em Vitória e mora na internet. É formada em jornalismo pela Pontifícia Universidade Católica do Paraná e está sempre lendo e escrevendo alguma coisa. Na quarentena chorou bastante, fez palavras cruzadas, escreveu um conto, adotou uma gata, ficou noiva e sentiu muita saudade de muita coisa.

– **CORONAVÍRUS.** C-O-R-O-N-A-V-I-R-U-S, 11 letras. Vírus que causou a pandemia de covid-19 no ano de 2020. Ainda está cedo para usar, mas vai para o banco de ideias com certeza.

Jonas pensava em voz alta na mesa do café da manhã enquanto tentava se concentrar em nada além do tablet que segurava em frente ao rosto, no qual conferia as notícias.

– É o quê, menino? – perguntou Dona Mercedes, sua sogra, que, mesmo morando havia anos com a família, não tinha se acostumado com o trabalho do genro, e tampouco com o fato dele viver falando sozinho.

Ele apenas pegou a caneca de café e, resignado, se levantou da mesa. Já estava acostumado com as perguntas da sogra, mas o período do "isolamento" potencializava todas as irritações.

– Isolamento – ele ironizou para si mesmo. Isolamento era tudo o que queria no momento, mas em uma casa com mais seis pessoas era tudo o que não tinha.

Antes, precisava acordar às cinco da manhã e correr sozinho na praia, todos os dias, em completo silêncio, para poder achar agradável aquela balbúrdia toda já na mesa do café da manhã. "Mãe, me passa o pão?", "Pai, eu acho que o Botafogo se recupera esse ano", "Levanta, Lucas, vai se atrasar pra faculdade!", "É o que, menino?".

Já era o décimo sexto dia sem a corrida na praia, sem a sala de aula, sem a paz no meio da tarde para se agarrar a um dicionário e listar mais opções em seu banco de ideias para enviar à revista de palavras cruzadas.

Professor de português e cruziverbalista, Jonas se divertia um tanto com seu trabalho. "Cruziverbalista! Acho que ninguém sabe o que é isso, vou colocar um dia e vai ser até metalinguístico. 15 letras, criador de palavras cruzadas." Não se fazia de rogado também: os papos entre filhos de diferentes idades e interesses, a esposa geógrafa e a sogra noveleira acabavam por ajudar um bocado no aumento da variedade em seus jogos. Não fossem os cafés da manhã, não teria como saber que *Amor de mãe*, 9 letras, era a primeira novela das nove da autora Manuela Dias. Não fosse o responsável por levar os filhos para a escola, provavelmente morreria sem saber o nome de metade dos cantores pop em voga no momento. Ariana Grande, 12 letras, cantora estadunidense dos sucessos *Fake smile* e *Thank u next,* que ele acha parecidos com todas as outras músicas de todas as outras cantoras.

Sem a corrida madrugueira diária na praia, ficou muito mais difícil ter paciência e disponibilidade para diferenciar qualquer informação interessante no meio do falatório. Sem levar os filhos para a escola, também perdeu grandes oportunidades. Melhor respirar fundo dez vezes, em vez de sentar à mesa com fones de ouvido: essa tática já deu confusão antes. Ao sair da mesa naquela manhã, foi perseguido por Theo, o caçula, de sete anos, ansioso para jogar mais uma partida de Fifa com o pai. Mas ainda era terça, não era dia de videogame e ambos precisavam se preparar para as videoaulas: ele como professor de ensino médio, Theo como aluno de primeiro ano. "Se os meus estão dando trabalho, os professores de crianças pequenas precisam ser canonizados depois dessa quarentena."

Subiu e se trancou no escritório. Os cômodos da casa (e a internet) estavam ficando cada vez mais concorridos.

– Eu disse que ia ficar na sala hoje!

A capacidade da voz de Melissa, a filha de dezesseis anos, de atravessar uma escada, uma porta e um fone de ouvido certamente era digna de nota. Não conseguiu ouvir a réplica e ficou sem saber com qual dos irmãos ela estava disputando o sofá. Talvez com todos os outros três, que teriam que se conformar com a cozinha e os quartos.

Duas aulas depois, achou seguro colocar a cabeça para fora e se esquivar de todos os que estivessem no caminho para afanar algum quitute na cozinha – no café da manhã, afinal de contas, havia passado só com uma caneca de café.

– Broa, 4 letras, tipo de pão de milho e trigo.

Agradeceu mentalmente à sogra pela iluminação, precisava mesmo de uma palavra de 4 letras começada com B. Era para cruzar com Umbanda, 7 letras, religião de matriz africana. Agora precisava de uma de 5 letras cuja terceira fosse O.

– Troça. Boa. Ato dito engraçado ou divertido.

Enquanto anotava no celular e saía da cozinha, bateu o dedinho do pé na geladeira. Nem tudo eram vitórias.

– Porra! – gritou.

– Muito bom, pai, a minha turma inteira escutou você falar esse palavrão.

– Essa merda precisa acabar – murmurou baixinho.

– Eu não aguento mais essas crianças tendo aula dentro de casa – murmurou mais baixinho ainda subindo as escadas.

– É o quê, menino?

– Nada, Dona Mercedes, nada.

Mais duas aulas, e almoço: as gritarias do almoço eram as do café da manhã potencializadas. Agora eles tinham menos sono e conseguiam elevar ainda mais os decibéis. Marcela tinha feito uma lasanha meio esquisita que Dona Mercedes conseguiu salvar com belíssimas batatas assadas de acompanhamento.

– Lasanha, alimento preferido do Garfield, 7 letras.

O talento de um cruziverbalista também está na criatividade de mudar as descrições. É óbvio que já tinha usado lasanha outras vezes, mas nunca no contexto das revistas em quadrinhos.

Todos os almoços eram parecidos, nenhum era exatamente igual. Lucas, com vinte anos, ainda dava trabalho para comer os vegetais, enquanto Theo preferia repetir o brócolis só para postergar o momento de lidar com a lasanha. "Será que esse menino vai ser vegetariano? 11 letras. Aquele que não come carne." "Não coloque rótulos no menino tão cedo, isso pode estragar a personalidade dele", respondia Marcela, que no quarto filho tinha decidido virar estudiosa dos métodos de criação.

Jonas pensava constantemente se ela achava que eles tinham estragado os outros três, e acabava se decidindo por concordar. Não é possível que fosse emocionalmente saudável um jovem adulto que ainda se recusava a comer alface, uma adolescente que gritava a níveis estratosféricos e Gabriela, que mal falava e estava sempre com a cara enfiada nos livros. Pensando bem, quem sabe essa não daria uma boa escritora ou professora de português?

– Tá lendo o que dessa vez, minha filha?

– Hum, *O conde de Monte Cristo*.

"É, nós estragamos todas as crianças", pensou. Não podia ser normal uma menina de doze anos lendo um calhamaço clássico francês. Os seus alunos de ensino médio ainda pareciam incapazes de superar Harry Potter..

– Bom, Alexandre Dumas, 14 letras, escritor francês.

Levou o prato para a pia, lembrou as crianças (sempre seriam crianças) de levarem os deles assim que terminassem e voltou para a batcaverna. Era assim que Marcela havia apelidado o escritório desde que o marido adotara o cômodo como seu refúgio. Deu sua segunda ronda diária pelas notícias. O número de mortos no Brasil havia passado dos quatrocentos, e a quarentena seguia sem prazo para terminar. Quantos dezesseis dias iguais àqueles ainda teria pela frente? Sentia saudades da praia. Pensava diariamente em formas de burlar o confinamento e dar uma corridinha na orla vazia, mas acabava desistindo. Marcela e Theo tinham asma. Isso sem falar na Dona Mercedes, presidente do grupo de risco que parecia uma sentinela na hora de impedir qualquer um de passar pela porta. Todas as compras de mercado e farmácia agora eram feitas pela internet – e cada caixa e sacola que chegava era cuidadosamente limpa. Ninguém aguentava mais não poder só enfiar a mão na caixa e abrir um pacote de biscoitos.

Da manhã para a tarde, nada de diferente a não ser o número de infectados e de mortos, que só crescia. Tudo seguia muito assustador. Agradeceu pela primeira vez o fato de o filho ter se decidido pela publicidade e não medicina. Era muito inteligente e provavelmente seria desperdiçado no papel de um desses descoladinhos de agência que falam tudo em inglês, mas pelo menos ele não tinha agora que se preocupar com um filho na linha de frente da batalha. Já estavam convocando os universitários da área da saúde em outros países e sabia que ali não seria diferente.

Era melhor fechar o site de notícias e voltar para o banco de palavras. Queria entregar um jogo novo o quanto antes, e assim também se distraía. Alguns passeios pelo dicionário e pela internet depois, resolveu que gameta era uma ótima opção de palavra com 6 letras iniciada por G, e que *seat*, assento em inglês, apesar de sem graça, ocuparia bem a posição de palavra com 4 letras iniciada em S. Estava difícil manter o foco naqueles dias e ficava ainda pior depois do almoço, quando os filhos não tinham mais o compromisso de assistir às aulas e prefeririam brigar por qualquer motivo. Ainda precisava de uma palavra com 7 letras começada com M e morango parecia muito óbvio. Desistiu do escritório.

Conseguiu parecer amigável com a família, tomar um banho e ajudar Melissa no trabalho sobre orações subordinadas. O jogo com o Theo teria que ficar para o dia seguinte porque criança pequena tinha que ir para a cama antes das nove. "Coitado do Theo, mal sabe ele que o Lucas deu a sorte de ter pais irresponsáveis e nunca na vida dormiu antes das onze." Preparou um misto quente rápido, eles não tinham o costume de jantar. Derrubou migalhas de pão pela bancada toda.

– Migalha! 7 letras. Fragmento diminuto de alimento.

Amava quando palavras simples tinham definições elegantes.

– E agora alguma coisa com A que não seja óbvia.

– Almíscar.

Claro que era Gabriela entrando na cozinha.

– Obrigado, filha. Almíscar, 8 letras, substância de odor penetrante.

Subiu para o quarto, achou uma partida de basquete antiga para assistir enquanto Marcela não subia também. Um time do Colorado ia enfrentar um time da Flórida.

– Colorado, 8 letras, estado situado no Oeste dos EUA.

Agora faltavam só três palavras para que entregasse um jogo decente. Marcela chegou e se jogou na cama, exausta. Ainda não eram dez horas, ainda era o décimo sexto dia de quarentena.

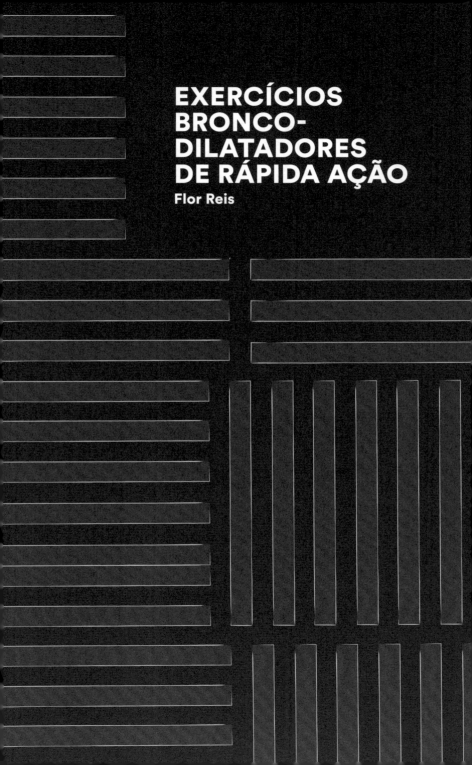
EXERCÍCIOS BRONCO-DILATADORES DE RÁPIDA AÇÃO
Flor Reis

Flor Reis é assessora jurídica por profissão, escritora por necessidade e cantora por insistência e por impossibilidade de ficar quieta. É também cocriadora do podcast *Convite pra ser adulto* e, em 2018, publicou Nada digno de diagnóstico, conto editado em versão plaquete. Tem a literatura como casa mais antiga e a voz como arma principal, ainda que essa arma seja sempre mais buquê de flores do que granada.

MOEMA ENCAIXA a pequena cápsula dentro do suporte, aperta os botões laterais, e ela é perfurada nas extremidades por duas pontas de metal. Coloca de volta a parte superior do bocal e esvazia os pulmões até o limite, até sair um chiado de velhinha tuberculosa. Leva o bocal aos lábios e aspira bem fundo, enchendo os pulmões por completo como aprendeu na aula de canto, uma das mãos nas costelas pra sentir a caixa torácica se expandir ao máximo. Observa o rosto no espelho do banheiro enquanto comprime os lábios, prende bem o ar e conta nos dedos, devagar: um. dois. três. quatro. cinco. seis. sete. oito. nove. dez. Solta o ar com força, abre a torneira, enche a boca de água e enxágua bem para limpar os resíduos de pó que ficam colados perto da garganta.

No dia em que a médica receitou o remédio e explicou a forma de usar, Moema ficou lembrando o jeito como os personagens no cinema aspiram bombinhas de asma sem fazer qualquer esforço para inspirar fundo e sem contar tempo nenhum, no meio da rua, andando rápido, sem cerimônia. Também nunca bochecham depois, embora todas as bulas das medicações inalatórias de resgate recomendem assim, sob risco de desenvolver candidíase na boca. Ela então repete o ritual toda noite, religiosamente, enquanto pensa na dramaticidade do

118 EXERCÍCIOS BRONCODILATADORES DE RÁPIDA AÇÃO

nome *medicação de resgate*. Pensa que é mesmo dramática a aura da asma: arroxeada, angustiada, rarefeita.

Moema tem a lua em peixes, gosta bastante de remédios. Acha o efeito do fumarato de formoterol di-hidratado + budesonida uma coisa linda de sentir: quase pode enxergar os brônquios se dilatando quando inspira fundo pela primeira vez depois de aspirar o remédio. Ainda assim, nunca aceitou muito bem esse negócio de ter subitamente adquirido asma, depois de quinze anos morando em Curitiba, a capital de clima mais inóspito do país. Primeiro porque pensou que já tivesse escapado da sina municipal das doenças respiratórias àquela altura; segundo porque fez umas pesquisas e descobriu que, para a maioria das teorias esotéricas, a asma representa uma dificuldade do indivíduo em estabelecer trocas genuínas com o meio. E essa carapuça serviu de um jeito desconfortável e abafado demais, como o nariz dela debaixo da máscara, sempre coçando. Por isso, antes da doença colocá-la no grupo de risco da maior ameaça deste início de século (quem diria, não era o comunismo), ela negociava com a médica a frequência do remédio, perguntava se uma simples falta de ar daquelas era digna do diagnóstico, e se os exames eram mesmo conclusivos, e se, e se, e se.

Isso, antes. Agora, por precaução, ela tem todas as opções em casa: a medicação preventiva, a de resgate e o aparelho inalador, no qual pinga dois tipos de remédio + cinco mililitros de soro fisiológico, um coquetel que a deixa de mãos trêmulas e coração acelerado ao final da meia hora de nebulização. Com a pandemia, além do direito de ir e vir, Moema perdeu o direito de rejeitar a asma.

Ela sempre acreditou que as perspectivas que mais nos preocupam antes de uma grande mudança nunca são as que realmente pegam quando a coisa acontece, e com a quarentena foi igual. Moema se muniu de todos os broncodilatadores que conhecia, mas não foram os pulmões que resolveram dar trabalho. Foi a cabeça. Depois de cinco anos fazendo análise semanalmente, ela pensou que se sairia melhor nessa. Mas passou a se sentir num mar revolto que puxa cada hora pra um lado: quando está se recuperando do último caldo, vem mais um. E de novo e de novo e de novo.

O medo de enlouquecer já morava nela há alguns anos, mas a possibilidade nunca pareceu tão real. O histórico genético familiar no que diz respeito a transtornos psiquiátricos não traz prognósticos muito animadores, e a quarentena parece ter vindo para mostrar que as mochilinhas de trauma se recusam a sair das costas de seus donos, mesmo dentro de casa. Moema tem crises de choro súbitas e inesperadas, e momentos de um fundo do poço tão abissal que a paralisa e mumifica. Não aguenta mais ficar trancada em casa com seus defeitos e tormentas. Não aguenta mais constatar que o insuportável sempre esteve nela. Não aguenta mais os cômodos se enchendo de água até o teto, a pressão forçando o vidro das janelas, os móveis flutuando, a vida liquefeita. Mas morrer de chorar é o novo normal, dizem por aí.

Moema gosta bastante de remédios, mas não lhe agrada a ideia de tomar antidepressivos agora. Os anestésicos mais inofensivos não têm sido bem recebidos por seu organismo, o refluxo tem atacado já na segunda taça de vinho, e uma simples tarde de maratona de Netflix bateu mal pra caramba na tarde do último sábado. Ficou submersa pelo resto do final de semana, e o enrugado na ponta dos dedos demorou dias a passar. Também não lhe parece muito certo ou justo tomar alguma coisa pra tirar o mal-estar (ou o péssimo-estar), por mais incômodos que eles sejam. Ópios, édens, analgésicos, não toquem nessa dor, diriam Leminski e Itamar Assunção. Ela é tudo que sobra.

Moema acorda em mais um dia igual aos outros, só que mais frio e acinzentado. Pega o celular, vê quatro notificações na tela bloqueada e descobre que este dia não será uma mera repetição. A primeira é do jornal que assina, informando que o Brasil ultrapassou a marca de cem mil mortos. As outras três são ligações perdidas de seus irmãos, uma de cada. Eles nunca ligam, muito menos os três, muito menos de madrugada. Cenários trágicos gritam na cabeça, respiradores, UTI, morte, asfixia, mãe. O quarto se enche de água mais uma vez, como um tanque retangular daqueles shows de mágica súper elaborados, a cama e os criados mudos soltam-se do chão e batem uns nos outros, boiando, a água sobe rápido, e ela, já quase toda submersa, se lembra daquilo que na verdade nunca esqueceu: a caixa fechada de olanzapina 5 mg que um psiquiatra receitou para o ex-namorado e ele não teve coragem de usar. Atravessa a cama a nado para alcançar a primeira gaveta do criado do lado oposto, abre a caixa do remédio, destaca dois comprimidos da cartela e joga na língua, sem tempo pra ler a bula. Enche a boca de água, pressiona os lábios, engole, sobe nadando até a superfície e inspira fundo. Prende o ar nos pulmões e começa a contar devagar, esperando o quarto-tanque esvaziar, mesmo sabendo que não, nunca mais: um. dois. três. quatro. cinco. seis. sete. oito. nove. dez.

O PROBLEMA

Laiz Colosovski

Laiz Colosovski nasceu e cresceu na zona leste de São Paulo, entre os bairros Cangaíba, Penha e Vila Matilde. Mestre em letras pela Universidade de São Paulo, atua como revisora e editora de textos e tradutora, e foi professora do ensino básico. Atualmente, cursa a graduação em biblioteconomia. Participa da coletânea de contos *O outro voo da coruja* e tem um livro de microcontos intitulado *Janeiro*. Segue escrevendo e reescrevendo sempre que pode.

O PROBLEMA É NÃO VER. Há setenta e cinco dias isolada em casa, não vejo a rua. Não vejo as lojas, nem as crianças arrastando mochilas, nem os cães alegres em suas coleiras. Não vejo carros, motos, ônibus, bicicletas. Não caminho pelo parque, nem vou à padaria. Não cruzo com desconhecidos nas calçadas, nem escuto as senhoras que puxam conversa em pontos de ônibus. Não há pessoas bebendo cerveja nos bares e jogando conversa fora. As ruas desabitadas: ninguém mais se amontoa para comer um pastel de feira com caldo de cana. Não há teatros, não há escolas, não há museus, não há exposições, não há cinemas, não há restaurantes. Os almoços de família e as reuniões de amigos, cancelados por decreto: ninguém deve se ver até segunda ordem. E o problema, como eu disse, é não ver.

Penso então naquilo que vejo e olho com atenção. A luz do dia que entra pela janela. O céu mudando de cor, o pôr do sol, a noite. Durante o dia, o silêncio ecoa, mas as noites são sempre barulhentas. Televisores, computadores, rádios, panelas, conversas aflitas, choros, risadas. As pessoas devem passar as manhãs e tardes adormecidas e letárgicas, mas a luz azul das telas dos celulares e o frenético update de notícias parece mantê-las bem acordadas durante a noite.

Hoje, recebi uma ligação dizendo que eu deveria voltar ao trabalho. Foi no exato momento em que terminava de aplicar minha dose de insulina, naquele lugarzinho da minha barriga que ninguém vê. O problema, como eu disse, é não ver. *São ordens de cima*, disse Babi, minha chefe. *Precisamos correr esse risco por um bem maior. Assim vai ser melhor para todos. Estarei no escritório às oito e espero por você.*

Desligo o telefone e fervo a água para um café. Vejo as notícias, as declarações dadas pelos donos do poder. Mandadas, desmandadas, distorcidas, agressivas. Patéticas e genocidas. Entrelaço os dedos na alça da caneca e me encosto à janela. Tento não pensar nos mortos, mas escuto o silêncio do meio-dia e penso em luto. Não vejo as crianças arrastando mochilas e nem os cães alegres em suas coleiras. Nem escuto as senhoras que puxam conversa nos pontos de ônibus. Não há mais pastel de feira com caldo de cana.

O sol vai alto no céu e o dia está bonito, agradável, iluminado por raios amarelos e consistentes que não tocam minha pele há dias. Se não fosse tudo isso, a vida seria algo incrível e o mundo até pareceria um lugar bom, no qual eu poderia andar por aí, preocupada e angustiada com todas as coisas com as quais nos preocupamos e nos angustiamos quando temos saúde para isso.

Penso na ligação de Babi. Tento retomar minha rotina, sem sucesso. O celular não cessa: colegas de trabalho indignados com a decisão do retorno, comunicada pela voz fria de Babi ao telefone, me chamam a todo instante por mensagens e chamadas de vídeo. Eu, que só mantenho relações casuais e distantes no trabalho, atendo a todas as chamadas assim como estou: descabelada, de pijamas, sem maquiagem. Os seios soltos sob uma blusa velha combinando com uma faixa que prendo à cabeça para manter os cabelos longe do rosto enquanto cozinho um almoço rápido que como em pé, com a barriga nua encostada ao mármore frio da pia, escutando sobre a vida dessas pessoas com as quais costumava dividir nove horas do meu dia e que nunca consegui, de fato, conhecer. Pessoas que não vejo há mais de dois meses. E o problema, como eu disse, é não ver.

Acho que Marília foi quem mais ficou afetada com a ligação de Babi. Trinta e nove anos, mãe solteira de uma menina diabética e um garoto asmático, ela sustenta a si, seus filhos e a mãe de oitenta e um anos com seu salário. Não há a quem recorrer, não há com quem deixar as crianças, não há garantia de que elas possam estar seguras se ela precisar sair do isolamento. Ela não quis deixar seu rosto visível para a câmera enquanto sussurrava, trancada no quarto para que seus familiares não a ouvissem, que não fazia sentido ter que escolher entre não ter dinheiro para alimentar a todos ou correr o risco de provocar a morte de todos para conseguir dinheiro. Odiamos Babi naquela tarde.

Daniel, aos trinta anos, dividia um apartamento com o irmão apenas dois anos mais velho, que estava hospitalizado com complicações respiratórias graves, mesmo sem ter nenhum problema prévio de saúde. Daniel tinha certeza de que estava contaminado, embora o médico que o atendera tivesse diagnosticado apenas uma gripe e lhe receitado analgésicos para dor e febre. Ele estava aterrorizado ao pensar que poderia ser um vetor de contaminação dentro da empresa.

Amiga, eu posso te matar, ele me disse. *Preciso do salário, mas não sei se volto. Se acontece algo contigo, imagina como vou me sentir? Nenhum salário vale a culpa de carregar a morte de alguém nas costas.* Suas palavras eram entrecortadas por uma respiração curta e ofegante, ressaltada por pausas inconvenientes na chamada, provocadas por uma conexão ruim. *Discuti isso com a Babi ao telefone, sabe o que ela me disse? Que eu precisava voltar, pois a empresa precisava retomar as atividades e era um risco que todos deveriam enfrentar por um bem maior. Você acredita?*

Sim, acredito. Babi repetiu o mesmo para todos nós.

Roberta e Pedro haviam perdido o pai e a avó, respectivamente, há duas semanas. Eles não pareciam capazes de esboçar raiva de uma forma mais enérgica, como haviam feito Marília e Daniel, pois o véu do luto ainda embotava os sentidos de ambos de uma maneira perturbadoramente semelhante. Roberta agora morava somente com a mãe, que, recém-viúva, chorava pelos cantos da casa rezando para adoecer e poder reencontrar seu companheiro. Pedro, que fora criado pela avó, agora morava sozinho, cultivando uma barba gigantesca. Nenhum dos dois pôde se despedir ou enterrar seus mortos, por risco de contaminação. Nenhum dos dois conseguia sequer pensar se teria dinheiro para pagar as contas do próximo mês, quanto mais pensar *em um bem maior*, como Babi explicara.

A última chamada do dia foi de Diana, que estava possessa. Ao receber a ligação de Babi, disse-lhe categoricamente que não retornará às atividades tendo um marido hipertenso em casa e estando grávida. Disse que não conseguia nem olhar pra cara da Babi. Estava furiosa.

Estamos todos furiosos e tristes, feito bichos enjaulados.

Eu, obviamente, não retornarei ao trabalho. Não tenho filhos e vivo só, foi assim que escolhi viver minha existência: sem ninguém que dependesse de mim. Gasto pouco e tenho alguns trocados guardados. Consigo sobreviver sem ter que colocar minha vida em risco, pelo menos por enquanto.

Ao desligar o celular e finalizar todas as chamadas do dia, sinto saudade dos colegas de trabalho, que não sei se voltarei a ver. O silêncio do luto encobre o fim da tarde, que está belíssimo, por sinal: rosa, laranja, vivo. Tiro fotos do entardecer. Mais tarde, descubro que as redes sociais estão cheias de fotos do pôr do sol, e alguma coisa dentro de mim sorri ao pensar que, naquilo que podemos ver, eu não fui a única a contemplar a beleza do céu que muda de cor.

Com a noite fechada, sinto que preciso enviar uma mensagem à Babi comunicando que não retornarei amanhã. Pego o celular na intenção de escrever, mas desisto. Não me sinto obrigada a dar nenhuma satisfação à Babi ou à empresa depois da ligação de hoje. Assisto ao jornal: mais de dezoito mil mortos em três meses.

E daí?

O problema, como eu disse, é não querer nem olhar.

Às cinco e meia da manhã, Babi já está de pé e começa a se arrumar para voltar ao trabalho. Seu marido dorme tranquilamente, o corpo esparramado no centro da cama, entregue ao sono.

Manso. Não se parece em nada com o homem da noite anterior.

Ela não havia visto o pôr do sol, mas observa, agora, o nascer desse novo dia. *Tudo vai ser melhor a partir de agora*, pensou ela enquanto cobria, delicadamente, o hematoma em seu rosto com a base mais espessa que conseguiu encontrar. Ninguém poderia vê-la daquele jeito, afinal.

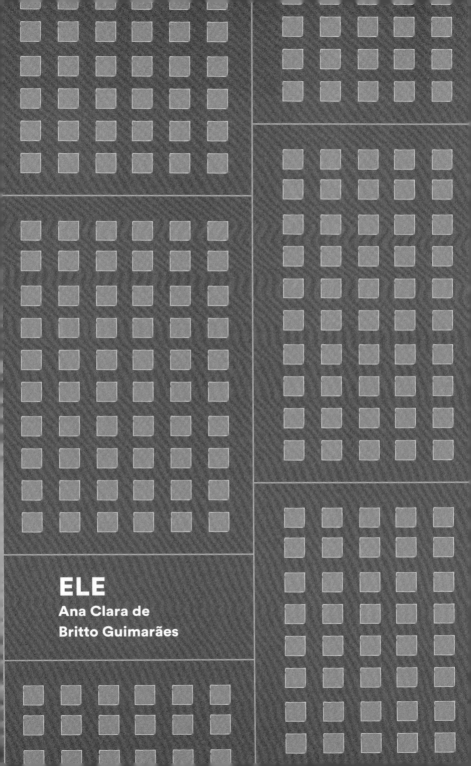

ELE
Ana Clara de
Britto Guimarães

Ana Clara de Britto Guimarães tem 24 anos, é estudante de letras e vive em Goiânia. Trabalha com revisão de textos, tradução e legendagem. Sempre gostou de escrever e aproveitou o tempo extra na quarentena para se aventurar na produção dos seus primeiros contos.

EU QUERO IR embora. O tempo todo, eu quero ir embora. Todos os dias eu acordo e penso em ir embora. Faço ovos mexidos para ele pensando em ir embora. Considero todas as formas que ir embora pode ter – literais e metafóricas e eufemísticas – e fico. Eu sempre fico e sempre fiquei, e sei que essa é uma escolha que só depende de mim. Mas agora que não posso ir embora, pelo menos não da forma literal, tudo se tornou muito mais sufocante.

"A quarentena não faz a menor diferença pra você, né?" Ele diz uma vez, rindo, como se eu não tivesse uma vida, como se eu não saísse de casa, como se eu fosse sempre a mesma com ou sem ele aqui, como se eu não existisse enquanto ele está fora dos confins dessas paredes. Rio junto com ele.

Vou ao mercado mais vezes do que é necessário. "Esqueço" itens importantes. Invento dores para ir à farmácia. Qualquer coisa para sair um pouco do apartamento e lembrar que existe um mundo e existe ar fresco. O universo não começa nem termina entre as paredes da minha casa, e existirão consequências bastante reais para qualquer coisa que eu faça aqui dentro. Ele zomba da minha máscara toda vez que saio.

Sinto falta principalmente de ir ao salão toda semana, fofocar sobre a novela e os atores. Nem pude saber como terminou a discussão das manicures sobre a polêmica do Cazarré ser machista.

Ele assiste a novela comigo às vezes, não a boa, e sim a reprise chata que não tive paciência de ver na primeira exibição. Eu preferia que ele parasse. Só o que ele faz é reclamar da "falta de realismo" das tramas, das falas, das vilãs. Eu discordo. Consigo me enxergar envenenando meu próprio marido, colocando uma cobra no carro dele ou atirando-o da janela do vigésimo sexto andar onde moramos. E ele nem tem uma fortuna para deixar.

Geralmente quando ele vê novela comigo é porque quer transar depois e acha que eu vou estar feliz por ele ter me dado a honra de reclamar ao meu lado no sofá. Aliás, o tempo todo ele parece achar que estou feliz por tê-lo em casa dia e noite, que sempre sonhei com isso e agora consegui o que queria. Não sei por quê. Se ele tirasse os olhos do próprio umbigo saltado esquisito que parece um nó de balão de festa por alguns segundos e olhasse para mim, prestasse atenção, acho que ficaria bem claro que estou contando os segundos para ele voltar a trabalhar fora.

Essa coisa de home office era para durar só duas ou três semanas. Foi isso que ele me disse quando começou. "Daqui a pouco passa esse pânico todo, o negócio é tipo uma gripe." Mas agora faz dois meses, "o negócio" continua feio e não existe qualquer previsão de quando a vida vai normalizar. Falam em lockdown, não entendo muito bem a diferença prática entre isso e o que já estamos fazendo, mas só consigo imaginar um sufocamento ainda maior.

Sempre que assistimos a algum jornal ele imediatamente se põe a me explicar as notícias que acabamos de ver. Faz questão de acrescentar sua opinião pessoal e apresentá-la como fato, como se tivesse sido dita no jornal, como se eu não soubesse que não foi. Ele sempre defende que a maioria dos trabalhadores volte, mas é claro que a categoria dele não está inclusa aí. Ele vai continuar em segurança, trabalhando em casa, mas quer que outras pessoas saiam e se arrisquem "senão a economia vai morrer". Não me desgasto perguntando se ele não se importa com essas pessoas e suas famílias morrendo, se a morte delas é menos importante que a economia. Eu já sei a resposta.

Eu não diria que já fui feliz, mas antes eu tinha alguma ilusão de liberdade e de diversão. Estava sempre ciente do meu papel: era esperado que eu mantivesse um lar para o homem que chegava ao fim do dia, comia o que eu havia feito na frente da televisão e não elogiava o prato, não me agradecia, não me fazia perguntas (quando foi a última vez que ele me fez uma pergunta que fosse sobre mim, não sobre o jantar ou as compras da semana ou a mensalidade da academia?) e então passava o dedo na prateleira empoeirada com cara de desaprovação antes de ir se deitar silenciosamente.

Mas eu tinha o dia todo antes disso para mim mesma, o dia todo para ler livros e assistir seriados e invejar as redes sociais dos outros e não passar pano na prateleira. Eu fazia o que quisesse na hora do almoço, comia qualquer pão com requeijão, uma barra de chocolate, ia até a cadeia de fast-food mais próxima ou com a melhor promoção. Eu só precisava me preocupar com o jantar.

Só que agora ele está sempre *aqui,* o tempo todo ele está *aqui* e ele está *trabalhando* e ele está *estressado* e ele *precisa* estar aqui. Ele não diz nada mas eu sei o que ele pensa se eu não tenho o almoço pronto ao meio-dia. Eu sei o que ele vai pensar quando perceber que eu não passo todo o meu tempo lustrando os preciosos móveis da avó dele.

Então agora eu nem posso mais ficar largada na minha cama, no meu quarto, usando o computador numa posição confortável porque é a cama dele, é o quarto dele, ele pode entrar a qualquer momento e ver meu queixo duplo e achar que eu estou feia, que eu sou feia, que eu não basto, que eu não cumpro o meu papel.

Não é necessariamente culpa dele. Se não fosse ele, seria outro; se não houvesse outro, essa consciência ainda estaria lá, o homem sem rosto sentado no canto do meu cérebro estaria me observando e me julgando e me cobrando da mesma forma.

"A gente devia aproveitar que eu estou passando mais tempo em casa pra tentar fazer um bebê!", ele diz uma vez, rindo, casualmente, enquanto almoçamos um espaguete. Rio junto com ele.

Foi uma piada, mas sei que ele quer filhos. Não é a primeira e nem a quinta vez que ele tenta introduzir o assunto. É claro que ele quer filhos. Quer porque não é o corpo dele que vai carregar e expulsar a criança e nunca mais ser o mesmo. Quer porque não é ele que vai passar o dia em casa trocando fraldas. Quer para depois me largar por outra mais nova e mais magra e mais afável, outra que não tenha filhos, e me deixar com as crias dele.

Antes de casarmos, deixei claro que não queria engravidar. Ele disse que tudo bem, mas continua tentando trazer a ideia à tona ao longo dos anos, esperando que eu mude de opinião. E eu consigo me sentir ficando mais e mais próxima de ceder. Em um ou dois anos, vou acabar concordando.

Eu não quero chegar a esse ponto. Um filho me prenderia de vez. Eu ficaria ainda mais dependente dele financeiramente, teria ainda menos chance de arranjar algum caminho profissional para mim e, ainda por cima, eu teria que fazer tudo sozinha. Eu teria que ouvir choro e entender o significado do choro e atender à demanda do choro sozinha, eu teria que criar e educar e amar um ser humano que dependeria completamente de mim.

Não é culpa minha se ele achou que eu mudaria

de ideia, não é justo ele esperar que eu mude de ideia. Mas se eu não mudar de ideia talvez ele me abandone por alguém que queira filhos. Sinto que a minha escolha é entre ter filhos e ser abandonada ou não ter filhos e ser abandonada.

É claro que existe a terceira opção. Eu poderia deixá-lo. Talvez seja hora de deixá-lo, antes que fique tarde demais e eu acabe aceitando ter os filhos, como sei que vou fazer eventualmente. Sou tomada por uma urgência, uma vontade de sair o mais rápido possível.

Como se soubesse exatamente no que eu estava pensando ao lavar a panela de molho vermelho, ele me dá uma oportunidade. Se tranca no escritório anunciando que terá uma reunião longa, de várias horas. Decido ir. Tiro uma mala grande do fundo do armário e a abro sobre a cama, jogando roupas lá dentro a esmo, sem me preocupar em dobrá-las. Não sei para onde vou. Não tenho para onde ir. Talvez Janaína... não. Não depois de sustentar por tanto tempo minha ficção de um casamento feliz. E nunca fui muito receptiva às tentativas de aproximação das colegas de pilates.

Posso ir para o interior, para a cidade onde meus pais vivem, o que certamente confirmaria a ideia que sempre fizeram de mim. Não sei o que vou fazer depois, como vou me sustentar, meus pais não têm dinheiro e, se por um milagre, eu achar um emprego, vou expô-los a riscos, saindo todo dia e voltando para a casa deles. E que emprego eu arranjaria? Nunca fiz nada, não sei fazer nada, nem como empregada doméstica eu me sairia bem. Sempre falta tempero na minha comida e não limpo a casa particularmente bem, supostamente as únicas coisas que eu sei fazer, minhas únicas obrigações aqui. Não sei, não tenho planos, não estou pensando claramente, sinto que tudo o que faço é pensar. Quero agir.

Não será fácil morar com meus pais novamente mas pelo menos é uma casa grande, melhor que esse apartamento pequeno, cujas paredes parecem cada dia mais próximas ao nosso redor.

Carrego a mala até o corredor do nosso andar com medo de que ele escute as rodinhas caso eu a arraste. No elevador, checo as minhas mensagens e, assim que abro o link encaminhado no grupo de pilates do WhatsApp, sei que vou ficar.

Escolhi logo o dia em que há uma grande movimentação na cidade dos meus pais, onde os moradores estão fazendo barricadas na estrada para impedir a entrada de forasteiros num esforço para desacelerar a contaminação. Não vou conseguir entrar na cidade, vou ter que dar meia-volta, chegar em casa, olhar para ele e explicar para onde estava indo de mala e cuia.

A porta do elevador abre no térreo e a vizinha do 1702 entra, sem máscara. Pergunta se vou viajar. Digo que não, apertando o botão de número 26. "São roupas para doação", esclareço quando ela questiona minha mala. Quero chorar. Logo hoje. Por que escolhi logo hoje?

Quero ir embora. O tempo todo, eu quero ir embora. Todos os dias eu acordo e penso em ir embora. E eu poderia ter ido. Em qualquer outro dia, qualquer outra tarde, eu poderia ter ido. Eu poderia ter ido ontem, ou no mês passado, ou no ano passado. Mas não fui.

Eu sempre fico e sempre fiquei.

Eu quero ir embora e eu fico.

Eu coloco biscoitos de queijo no forno e eu fico.

Eu preparo um suco de melancia e eu fico.

Quando ele abre a porta do escritório, o lanche está servido e eu fico.

QUARENTA
QUARENTENAS

Mateus Dias Pedrini

Mateus Dias Pedrini é capixaba, psicólogo e mestre em psicologia institucional pela Universidade Federal do Espírito Santo. Com atuação na clínica, Mateus se enveredou pelo universo da escrita e da literatura durante a pandemia, publicando textos na internet. Atualmente, é residente em projetos artísticos no Centro Cultural Eliziário Rangel, em Serra (ES), e se dedica à escrita de contos e outras histórias.

NO 308, a filha desceu para comprar pão. Mesmo nesses tempos estranhos, o café da tarde com a mãe era prioridade naquela casa.

O olhar da mãe do alto da janela cruzou com o da filha quando ela chegou à esquina do prédio com o saco de pão francês nas mãos. E mesmo que a mãe não conseguisse ver, o sorriso por trás da máscara era o que fazia daquele fim de tarde algo especial em meio ao caos.

O rapaz chorou no apartamento 501 ao saber que a mãe ficou internada no hospital. Ele não lembrava quando havia chorado pela última vez.

Ao ver seu filho no 501 aos prantos na cama, o pai se sentou ao seu lado, com um silêncio que acalmava sem as palavras. Ele não tinha coragem de dizer que sua tia estava internada há duas semanas na mesma situação.

O bebê do 101 chorou depois de tentar andar pela primeira vez e cair de bunda no chão. A mãe saiu correndo para pegar o celular: ela ficou muito emocionada, mas precisava registrar aquele momento.

O irmão da moradora do 101 vivia no apartamento ao lado. Ele queria muito ter visto com os próprios olhos o sobrinho andando sozinho, mas se contentou com o vídeo enviado pela irmã.

No 105, o jovem terminou aos gritos no celular um namoro de quase sete anos. Jogou o aparelho no chão ao fim da chamada, mas se arrependeu: não sabia quando iriam se ver de novo.

Mesmo prometendo nunca
mais conversar com o
ex-namorado, o jovem do
105 continuava a receber
nudes pelo celular. Nunca
respondeu aquelas mensagens
e, mesmo com a tela quebrada,
o ex ainda parecia apetitoso
nas fotos e vídeos.

O casal do 407 faz yoga
em frente ao janelão da
sala, mas, dessa vez, fizeram de olhos abertos, de
frente um para o outro:
fazia tempo que não se
olhavam daquele jeito.

Dias antes da quarentena,
eles decidiram retomar
a relação e alugaram no-
vamente o apartamento
onde tudo começou, no
velho 407. Era a única
forma que eles haviam en-
contrado de buscar a paz
depois de anos de brigas.

Os quatro irmãos do 604
decidiram fazer um show
em frente ao janelão da sala.
Os moradores do prédio da
frente dormiram agrade-
cidos pela apresentação.

Estava impossível ficar tranquilo no 604, com os quatro filhos fazendo um show na sala. Tentado assumir as rédeas da situação, o pai puxou a maçaneta da porta de seu quarto e descobriu, surpreso, que os próprios filhos o haviam trancado lá dentro.

Já a moradora do 504 estava muito incomodada com aquela barulheira toda e decidiu escrever uma carta ao síndico. Antes de selar, passou álcool em gel nas mãos, nos pulsos e na própria carta.

Ao ver o envelope todo melado de álcool em gel passar debaixo da porta de entrada, o síndico já soube de quem era. Não pensou duas vezes: levantou-se do sofá, rasgou sem ler o conteúdo, jogou no lixo e voltou para seu conforto.

Uma vez, o avô da menininha do 809 disse que fazer pássaros de papel dava sorte para as pessoas. Como ela sabia da situação que todos estavam passando, começou a fazer um pássaro para cada apartamento do prédio.

Depois de fazer o primeiro pássaro, ela foi até a sala e pôs o objeto na mão da mãe, que nem tirou os olhos do celular. Ela amassou o conteúdo nas mãos enquanto estava hipnotizada pela tela: só se deu conta do que havia feito quando ouviu a filha voltando para o quarto aos prantos e viu o que restava do pássaro de papel entre os dedos.

A cacatua do senhor do 705 estava inquieta em sua gaiola naquele fim de tarde. Com medo do pior, não restaram dúvidas para seu dono: deixou a gaiola aberta em frente ao janelão para que ela se sentisse à vontade para sair.

O idoso do 705 chorou ao ver a cacatua livre na janela do prédio vizinho. Como ele invejava a liberdade daqueles bichos...

O senhor do 1604 disse que "quarentena é o caralho" enquanto pegou seu chapéu e abriu a porta da frente. Voltou somente três dias depois, quando se lembrou dos remédios da pressão.

Depois de pegar os remédios no apartamento, o senhor do 1604 entrou no elevador e viu o jovem do 303. Como detestava ver a vitalidade daqueles jovens do prédio...

O jovem modelo do 303 não sabia se iria conseguir os antirretrovirais no hospital, já que todo mundo estava se medicando com qualquer coisa naqueles tempos. Abriu o pote de remédios para conferir: só restavam duas cápsulas.

Mesmo com medo do que poderia acontecer na rua, ele precisava sair em busca dos antirretrovirais. Depois de entrar no elevador, subiu até o 16º andar e viu um idoso entrando com uma caixa de remédios em mãos. Se alegrou por saber que ele estava se cuidando.

Os quatro membros da família do 607 encararam a caixa de veneno de rato posta em cima da mesa pelo patriarca. Com aquele gesto eles estavam decidindo, silenciosamente, quem iria tomar primeiro.

Finalmente, a filha se encheu de coragem e abriu a caixa: só havia três bastões lá dentro. Quem iria ficar para trás no 607 no meio daquela pandemia?

Era a última vez que ela gritaria na vida com o marido, morador do 606, deixando para trás uma história de mais de vinte anos naquele apartamento. Saiu pela porta da frente, decidida a vê--lo nunca mais: mas em meio a uma pandemia como aquela, se perguntou para onde ir.

De repente, ele abriu a porta e esfaqueou a esposa, em frente ao 606, sem deixá-la reagir. Enquanto puxava o corpo de volta, a filha de seis anos surpreendeu o pai na porta da cozinha: "Papai, o que houve com a mamãe?".

O pai do 1209 finalmente encontrou o rapaz do 609, naquele mesmo elevador em que haviam saído na porrada. Olhares se cruzaram rápido, fingindo não se ver. Ele concluiu com o silêncio que não valia a pena conversar depois de tudo que aconteceu.

Ao ver o homem do 1209, o
rapaz do 609 relembrou tudo
o que havia acontecido. Era
para ser mais um caso, sem
sentimentos, nada de mais...

No 1209, o jovem filho
continuava apaixona-
do pelo rapaz do 609,
mesmo em quarentena
e proibido de vê-lo.

Chegando no aparta-
mento, encontrou um
folheto na porta do 609
sobre um culto de liberta-
ção na igreja da esquina.
O jovem sabia muito bem
quem o havia colado ali.

Antes da quarentena, a jovem ruiva do 104 era uma
religiosa convicta: passava
mal quando não participava
dos cultos. Depois de seis
semanas presa em casa, ela
concluiu que nada daquilo
valia a pena: colocou os
livros sagrados e as imagens
em uma caixa e deixou
bem no fundo do armário.

Enquanto a jovem do 104 encaixotava sua vida religiosa, a mãe, no quarto ao lado, rezava com o terço em mãos e beijava a imagem de Nossa Senhora Aparecida. Dessa vez, ela acrescentou a filha nas orações...

Os santinhos na estante da sala do 401 continuavam zelando pela família. Eles olham para a mãe, chorosa, vendo tevê na sala; para o pai, comendo sozinho na mesa; e para o filho, brincando em frente ao janelão.

O teste de gravidez havia dado positivo para a mãe do 401 e eles teriam mais um filho no fim do ano. Não conseguia ficar feliz e, por isso, chorava por dentro: como dar a notícia à família em meio a tudo aquilo?

Demitiram a mãe do 1002 enquanto fazia home office. Após ouvir em silêncio as desculpas do chefe, desligou o telefone e tomou a única atitude possível: jogou o computador da empresa pela janela e sorriu ao vê-lo estraçalhado na calçada.

O computador quase atingiu a filha do 308, que voltava da padaria com o saco de pão nas mãos. A estranheza daquele momento varreu o sorriso debaixo de sua máscara.

Ela varria todos os cantos do apartamento 208, mas a sujeira sempre tomava espaço na casa. Ligou para o chefe, pedindo demissão: nada de home office enquanto a casa não estivesse limpa.

Varreu sem parar o 208, até as mãos ficarem em carne viva. E quando reparou em tudo que havia feito, finalmente abriu a porta do quarto da mãe, que estava isolada há dias pra fugir da nova doença: "Olha o que eu fiz pra senhora, mãe".

A zeladora ficava a limpar o hall de entrada sem muita pressa. Nem o porteiro a viu chorar enquanto lembrava da filha, que não terá um velório.

O porteiro continuava sua rotina na guarita envidraçada na entrada do prédio. Naquele fim de tarde, olhou para o monitor das câmeras de vigilância até pegar no sono. E mesmo que a vida de todos no prédio tivesse mudado por causa da quarentena, nada havia de diferente dentro da caixa de vidro naqueles tempos.

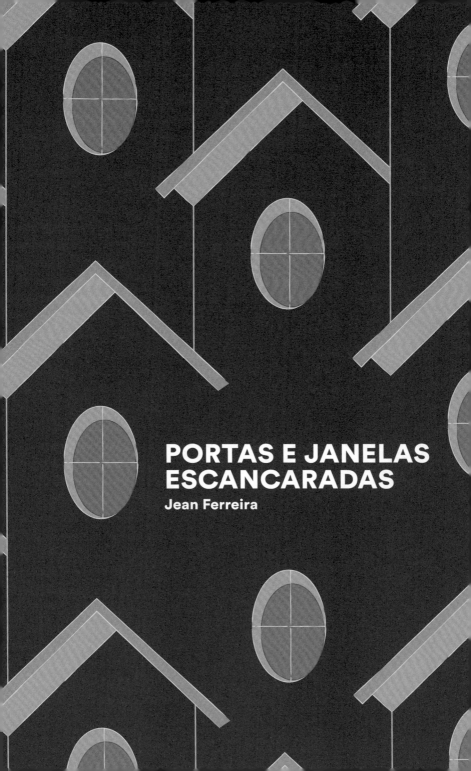

Jean Ferreira nasceu em São Raimundo Nonato (PI) em 1988. É graduado em ciências da informação e documentação pela Universidade de São Paulo e cursa a pós-graduação em formação de escritores do Instituto Vera Cruz. Em São Paulo, onde vive, faz parte do Palavraria Coletivo Literário.

A RUA ESTAVA morta desde que as notícias começaram a arrebentar em todo canto, mas a quietude da noite era rompida pelo barulho do caminhão do lixo, que passara a emitir um aviso com orientações para as pessoas tomarem todos os cuidados. Ela espiava pela janela entreaberta o veículo se afastar, e pensava o quão assustador se tornara o caminhão do lixo. Era mais uma novidade que fazia o peito se torcer, e ela tinha desejos de largar tudo e pegar o primeiro ônibus para a cidade natal. Um lugar tão pequeno e distante que talvez a coisa demorasse a chegar por lá; tudo demorava a chegar por lá. Mas, com o medo imperando, era capaz de nem a deixarem entrar na cidade.

Quando era criança, o primo Zezito dizia que ela atraía coisa ruim: chegou a Rita trazendo desgraça! Tudo porque as equipes que a escolhiam nos jogos sempre perdiam. Uma brincadeira boba do primo, mas aquelas palavras sempre reverberavam dentro dela nos momentos de insegurança. Lembrou-se dos chineses do hortifrúti do bairro. Tinha quase certeza de que eram chineses. Soube que foram hostilizados. Alguém também achou que eles traziam desgraça. Fecharam as portas e não foram mais vistos. A notícia a devastara. Eram tão simpáticos e dedicados; agora pareciam vulneráveis. Será que voltaram à China? A China é tão grande, pensou enquanto fechava a janela. Tudo aos bilhões e milhões. Ela ficava sem ar só de pensar no amontoado de gente. Desejou que os donos do hortifrúti estivessem bem onde quer que estivessem. Fez um cansado sinal da cruz.

Na sala, Dona Amália estava de olhos duros no noticiário, que há dias só mostrava a propagação do vírus. Seu nome vinha da forma de coroa. Um rei coroado conquistando territórios, devastando tudo por onde passava. Na Itália já se escolhia quem morria e quem vivia. Aquele país que Rita sonhava um dia em conhecer, desde uma novela com aquela atriz, como se chamava mesmo? Uma que agora estava reclusa há muito tempo; será que estava bem, será que estava vendo o que se passava na Itália, será que sabia da curva; que a curva ameaçava subir e não parar mais, puxada pelos velhos, que morriam feito abelhas?

Rita cuidara de idosos boa parte da vida e dificilmente os via como mortos em potencial. Seu papel era mantê-los saudáveis e seguros para que vivessem bem até o fim. Vinha se esforçando para não olhar para Dona Amália e ver o próximo cadáver. "Mamãe está em todos os grupos de risco", disse seu Fredo, quando foi à casa dias antes, levando uma enorme quantidade de mantimentos e remédios. Nem chegou perto da mãe. Disse que as duas ficariam isoladas, sem visitas, sem passeio, sem Dona Amália no almoço de Páscoa. Deu várias recomendações enquanto passava nas mãos quantidades generosas do antibactericida com toque de lavanda que Rita mantinha na mesinha de centro, antes mesmo daquilo se tornar um item de sobrevivência: misture na água um pouco de álcool e algumas tampinhas de água sanitária e passe em tudo, nas compras, nas maçanetas; tome banho com frequência; não deixe ninguém entrar; qualquer problema me ligue, mas só urgência; não vamos ficar andando por aí, tá tudo parado, a Europa é o novo epicentro, você tem noção que a Europa é o novo epicentro, Rita? É o fim dos tempos; a Europa! Que cheiro bom esse negócio, isso não ataca a alergia de mamãe não, Rita? Rita, não sei o que seria de mim sem você, fica com Deus, tchau, fiz o pagamento, recebeu? E foi embora, levando consigo o frasco de antibactericida.

Desde então as duas não saíram mais. Os dias já se confundiam. Dona Amália passava todo o tempo vendo tevê, com a mesma expressão vaga. Parecia não se importar se era um capítulo da novela ou as imagens de pessoas ensacadas em algum lugar do mundo, muitas delas velhas como ela. Uma tranquilidade que assustava. Rita sentou-se ao seu lado e a examinou. Será que estava respirando normalmente? Levou a mão ao peito e depois à testa de Dona Amália, com o cuidado de não machucar a pele fina. Estava gelada. Passou a mão nos braços enrugados. Como era branca, branca e delicada; devia ser muito bonita quando jovem. Agora qualquer emoção parecia lhe custar as forças, reagia quase sempre com um sorriso vago e piscando os olhos aquosos.

Dona Amália só tinha a Rita naquele momento. Por ela, Rita precisava espantar a vontade de deixar o emprego. "Você não é dez, é mil!", seu Fredo dizia quando tinha um imprevisto e Rita ficava com Dona Amália no dia da sua folga. Achava trágico que ela vivesse tão apartada dos familiares. Ainda assim era melhor do que se o filho tivesse posto a mãe num asilo. Talvez aí residisse o significado do seu trabalho, Rita refletiu. Se não fosse ela, Dona Amália talvez já tivesse sido descartada. Ou sequer estaria viva. Desligou a tevê. Bastava de ouvir sobre a curva; a bendita curva! Ajudou Dona Amália a levantar e a conduziu até o quarto. Dona Amália precisava dela ali, protegendo-a das investidas do rei.

RITA DESPERTOU de madrugada com o grito de uma ambulância; o rei chegava ao seu território. Esperou a sirene se distanciar para voltar a dormir. Estava quase caindo no sono novamente quando um barulho metálico a trouxe de volta à superfície. Levantou-se e foi apressada até a sala. Deparou-se com Dona Amália tentando abrir a porta da frente. "O que a senhora está fazendo?", a voz saiu quebradiça. Rita ficou assombrada com a cena. A atitude seria surpreendente e preocupante mesmo se não estivessem sob a ameaça de uma doença. Dona Amália fora sempre tão pacata. "Fredo está lá fora", ela disse. Rita correu até a janela e espiou a rua através do vão. Não havia ninguém. Ouviu um latido ao longe.

"Não tem nada lá fora, Dona Amália. Não faça mais isso. A senhora não entende que estamos em perigo? Agora volte para a cama." Dona Amália tremelicou os lábios murchos e fechou a cara, mas não protestou e voltou ao quarto no seu passo vagaroso. Rita nunca a vira agir de modo tão estranho. Também era a primeira vez que a senilidade se manifestava de forma tão arriscada. Às vezes perguntava por Fredo, que podia ser o falecido marido, seu Godofredo, ou o filho. Mantinha um vínculo muito forte com o marido. Falava pouco; quando falava, soltava fragmentos de histórias sobre as festas a que os dois iam na casa de amigos. Amigos que não se sabia se estavam mortos ou se nem tinham existido. Os ternos do seu Godofredo também permaneciam intocados no guarda-roupa e ela os olhava com frequência.

Assim que teve certeza de que Dona Amália voltara a dormir, Rita verificou se todas as saídas da casa estavam realmente trancadas, pegou as chaves e pôs sobre o seu criado-mudo. Sentiu-se uma louca. Lavou demoradamente as mãos e deitou-se novamente. Caiu num sono agitado.

Sonhou que as portas e janelas da casa estavam escancaradas, ela corria de um lado para o outro trancando tudo, mas nada parava fechado, e ainda as pessoas que passavam na rua ameaçavam entrar na casa e sair encostando em tudo. Depois sonhou que estava na China, rodeada de homenzinhos de olhos puxados. Ela tentava pedir ajuda para voltar para casa, porém não conseguia falar a língua deles. Passou o resto da noite procurando alguém que pudesse compreendê-la. Despertou bem no momento em que um chinês simpático se dispusera a ensiná-la a pedir socorro em mandarim. Já era manhã. Ouviu o barulho da tevê ligada e foi até a sala.

Dona Amália já levantara e assistia ao noticiário na mesma posição do dia anterior. Mais pessoas contaminadas; os hospitais não resistiriam. A senhora ofereceu-lhe o sorriso pálido e voltou a mirar a tevê. Possivelmente esquecera da noite anterior. Será possível que nada do que assistia fixava em sua cabeça? Rita estava exausta, como se toda aquela labuta com portas, janelas e chineses tivesse ocorrido fora do sonho. Precisava de um café forte. Foi até a cozinha e espiou pelo basculante o exterior da casa. O pedaço de céu azul que conseguiu ver sugeria um dia bonito. Um naco de céu era o que lhe restava. Suspirou. Lavou as mãos intensamente e depois jogou uma água no rosto, ali na pia mesmo. Noites mal dormidas a deixavam desorientada. Perguntou-se como seria se nunca mais pudessem sair de casa e pensou na trágica possibilidade das duas serem esquecidas. E se fosse decretado o fim do mundo, será que ela seria informada?

Enquanto o café assentava na garrafa, voltou à sala, sentou-se ao lado de Dona Amália e aumentou o volume da tevê. Rita queria assegurar-se de que não, ainda não era o fim do mundo oficialmente; que todos estavam tão desesperados quanto ela; que a curva baixara em algum lugar do planeta. Na tevê, um médico repassava os sintomas. Ela pousou a mão na própria testa, alisou os braços, faz o mesmo com Dona Amália. Parecia ter frio. Pegou uma manta e jogou sobre as pernas murchas. Pediu que falasse se sentisse falta de ar, se sentisse qualquer coisa de ruim; diga, Dona Amália, diga, por favor diga. Nada acontecerá conosco, tenho fé. Nada. A outra apenas sorriu.

Resolveu ligar para seu Fredo para contar do seu desespero. Ele não podia esquecer delas. A empregada atendeu. Estava agitada, a voz distante, como se falasse de dentro de um buraco. Rita repetiu várias vezes que era a cuidadora de Dona Amália até que a moça compreendesse; ah, é você, minha querida, tudo bem com você e Dona Amália? O doutor Fredo não se sentia bem e foi ao hospital; não há de ser nada, não se preocupe e não preocupe Dona Amália; que coisa isso tudo, não é mesmo? É o fim dos tempos; te dou notícias. E desligou. Rita ficou paralisada, não teve coragem de perguntar se seu Fredo estava com os sintomas. Olhou para Dona Amália. Estava vidrada na tevê. Na tela, a curva aumentara mais. Não sabia se começava a rezar por seu Fredo ou se fingia que nada acontecia. Fez uma prece para sua protetora, como a mãe a ensinara. Talvez ficasse mais calma fazendo alguma tarefa. Deu banho em Dona Amália, fez comida para vários dias e um bolo de cenoura. Não foi suficiente. Decidiu fazer uma faxina. Não precisava, mas fez. Inventou um mantra enquanto esfregava os ladrilhos da cozinha; estamos seguras estamos seguras estamos seguras. Deixou a casa com um forte cheiro de água sanitária. A menos que o vírus chegasse até elas viajando pelo ar, Deus o livre, ela precisava acreditar que na casa não corriam risco. Sim, estavam seguras. A dispensa estava cheia e o que mais tinha na casa era remédio. Poderiam ficar trancafiadas por semanas sem precisar ter contato com ninguém. Seu Fredo ficaria bem, não havia de ser nada, logo lembraria delas. Quem sabe surgiria uma vacina logo; ou chegariam à conclusão de que não era tudo isso, o vírus não era um rei tão cruel assim, tudo não passava de um equívoco. Aquele senhor da ONU, ou quem sabe o Papa, alguém diria algo que botaria o mundo de novo nos eixos.

Nem viu a noite se instalar lá fora e já era quase hora do jantar. Estava exausta. Pelo menos não pensara muito na curva, embora a tevê estivesse o tempo todo ligada. A sopa de legumes dera muito sono à Dona Amália, em pouco tempo ela foi para a cama. Rita checou novamente todas as trancas, apesar de as chaves permanecerem no seu criado-mudo desde a noite anterior. Tomou um longo banho e deitou-se finalmente. O corpo dava choques tamanho era o cansaço.

Não demorou a mergulhar num sono tão agitado quanto o da noite anterior. Metade dela flutuava num espaço escuro e sem ângulos enquanto a outra metade parecia ainda presa ao quarto. Nesse sono dividido sonhou com Dona Amália. Ela estava parada ao lado da cama. Usava um elegante vestido preto e um penteado impecável. Parecia ter rejuvenescido muitas décadas. Debruçou-se sobre Rita e disse que tinha um encontro com Fredo, ele a aguardava impaciente; mas não tenha medo, durma com os anjos, sussurrou. Rita tentou erguer-se da cama, mas o corpo inteiro estava dormente. Quando aquela mulher deu as costas, Rita gritou: não vá, Dona Amália; e acordou num sobressalto. O dia ia alto. Dormira demais. Imediatamente olhou o criado-mudo. As chaves não estavam lá. Saltou da cama e correu até a sala. A porta da frente estava escancarada. Quase verteu o coração no caminho entre a sala e a rua. Olhou em todas as direções. Não havia ninguém. Testemunhou apenas um dia bonito. Um dia tão ensolarado que chegava a ser cruel.

[cc] Editora Elefante, 2020
[cc] Editora Dublinense, 2020

Você tem a liberdade de compartilhar, copiar,
distribuir e transmitir esta obra, desde que cite
as autorias e não faça uso comercial.

Primeira edição, dezembro de 2020
São Paulo, Brasil

Dados Internacionais de Catalogação na Publicação (CIP)
Angélica Ilacqua CRB–8/7057

Retratos da vida em quarentena / Ana Clara de Britto Guimarães... [et al.] — São Paulo: Elefante, Dublinense, 2020.
160 p.

ISBN 978-65-87235-23-3

1. Contos brasileiros 2. Quarentena – covid-19 (Doença) –
Contos I. Guimarães, Ana Clara de Britto [et al.]

20-3716	CDD B869.8

Índices para catálogo sistemático:
1. Contos brasileiros

EDITORA ELEFANTE
editoraelefante.com.br
editoraelefante@gmail.com
fb.com/editoraelefante
@editoraelefante

DUBLINENSE
dublinense.com.br
contato@dublinense.com.br
fb.com/dublinense
@dublinense

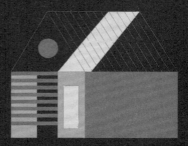

Retratos da vida em quarentena foi concebido, escrito, editado, produzido e impresso em meio aos efeitos da pandemia do novo coronavírus (Sars-CoV-2), causador da covid-19. Até a data de envio dos arquivos para a gráfica, já havia, em todo o planeta, pelo menos 67,4 milhões de pessoas infectadas – entre as quais 6,6 milhões no Brasil – e 1,5 milhão de vítimas fatais da doença – 177 mil no país.

FONTES Circular & Bely
PAPÉIS Triplex LD 250 g/m² &
Pólen soft 80 g/m²
IMPRESSÃO BMF Gráfica
TIRAGEM 1.000 exemplares